『あまちゃん』の人間像

3・11／「逆回転」／〈自分〉探し

幸津國生

An image of human beings
in "Amachan"——3・11 /
'the Contrary Turn /
Search for 〈the Self〉

花伝社

歌声は一人ひとりの心に届く

♪来てよ　その火を　飛び越えて

3・11からの「逆回転」を進める一人ひとりの心に
その中で〈自分〉を探す一人ひとりの心に
その思いを共にする一人ひとりの心に

『あまちゃん』の人間像――3・11／「逆回転」／〈自分〉探し◆目次

はじめに

（オープニング曲が軽快に響く*）

タタタタタタタタ　ターラ　ラーラ
ンタタタタタタタ
ターラッタ　タラララ　ターラ　ラーラ
ターラッタ　タラララ　ターラ　ラーラ
タララッタ　ターラ　ラーラ
ターラッタ　タラララ　ターラ　ラーラ
ターラッタ　タラララ　ターラ　ラーラ
ターン　タタタ　ターン　タタタ　ターン　タタタ　タタタ　ターン　ターン
ターン　タタタ　ターン　タタタ　ターン　タタタ　タタタ　ターン　ターン……

（オープニング曲の響きに乗って）

タイトル**

一台のディーゼル鉄道車両が線路の上を走って行く。

（画面＝視聴者自身が）線路の上を走り、飛んで行く。

川の上を飛ぶ（三か所ほどのそれぞれ別の風景）。

海に近づき、海面からそびえる岩の上を越える。海鳥が飛び立つ。

防波堤の先端に小さな白い灯台が見える。

浜の様子。「北の海女」の案内柱などがある。漁船が繋留されている。赤い鳥居がある。

海底の様子。たくさんの昆布やワカメなどの海藻がゆらいでいる。ウニもしっかり岩に張りついている。

防波堤の上を灯台に向かって少女が駆けて行く。

海女たちが素潜りをしてウニを獲っている。そのそばを魚の群れが通り過ぎて行く。

ウニが海中を漂っている。

海女が海中で海面に向かい泳いで登って行く。

ウニが漂う中を少女が笑みを浮かべながらジャンプする（高校の制服姿、「北の海女」の鉢巻・絆半纏の姿、普段着の姿）。

少女が灯台のそばに立つ。

＊以下は筆者がドラマのオープニング曲をそのように聴いて拍子を取りながら映像を観て書き留めたものにすぎないが、少

しでもその雰囲気が伝わることを願っている。
＊＊筆でぐるっと太めの四角に近い○（濃いめのピンク色（上の部分）＋水色（下の部分）＋両色の混ざった色（中間部分）に色分けされ時計と反対回りに画面に向かって右→左→下→右→上へと筆先が運ばれ右上が開いている）が描かれている。その○で囲まれた中にタイトル「あま　ちゃん（筆で横書き2行。「ち」が「あ」の右斜め下、「ま」の左斜め下に書かれ、3文字がほぼ三角形をなしている。「ま」の字の下部ふくらみ部分が星形に抜かれている）連続テレビ小説（1行目「あま」の後ろに小さく活字で）」が書かれている。そしてタイトルの代わりに○の中を普段着姿の少女が笑みを浮かべながらジャンプしている映像が続く。

この少女は、ドラマ『あまちゃん』のヒロイン天野アキである。彼女は初めて、母親春子の実家があるここ岩手県北三陸市袖が浜にやってきた。24年ぶりに帰郷した春子についてきたのである。アキは、元々の地元東京では自分の居場所を見つけられず、自分というものが何もない状態で北三陸にきた。アキは、祖母の夏が現役海女として活躍している姿を見て感動し、海女になりたいと思う。ここからアキの〈自分〉探しが始まるのである。

このドラマは、さまざまな〈変化〉の中で未曽有のもの、東日本大震災（3・11）を背景にしている。そのとき、アキはアイドル活動で東京にいた。その後もしばらく東京でこの活動を続けようとしていたが、北三陸のことが気になって、この活動を続けられない。そこで北三陸に戻り、被災で失われた（元々は彼女の作った）海女カフェの再建や地元アイドルとしての活動などによって町の復興に貢献する。アキは、この復興のための活動を大切なものが失われた状態からの「逆回転」と捉え、そこに自分が自分であることを見出すのである。本書では、このアキの〈自分〉探しを軸にこのドラマに登場する一人ひとりの人間の〈自分〉探しのゆくえを追っていきたい。

では、どのようにして〈自分〉が探し求められるのか、それはアキとまわりの人間たちみんなとの関係の中でのことである。アキを軸としてこの関係の在り方が変わる。つまり、町が変わるのである。この〈変化〉の中で、一人ひとりの人間の〈自分〉探しと復興による町おこしとが連動して行われるわけである。ここには、現代日本の戦後70年で最大の問題とも言うべき3・11をどのようにして人間たちが乗り越えていくのか、についての希望が語られている。

このことを明らかにするために、本書が手がかりにするのは、ドラマのシーンでの登場人物たちの会話における一つひとつの言葉である。各シーンはそのような言葉が発せられる現場である。本書は、シナリオで描かれるかぎりでのシーンを映像で表現されたもののいわば骨格をなすものとして取り上げよう（映像ではおそらく各回の時間上の制約などで言葉がカットされた部分もあると思われるが、その点についてはは触れない）。

このドラマを（どんどん先へと進んで行く）映像で観るかぎりでは、どのようなシーンでどのような言葉が発せられたのかを記憶することはなかなか困難である。これに対してシナリオを取り上げることによって、いわばその現場を確かめつつ、ドラマの歩みをたどることができるであろう。その結果、本書はシナリオからの抜粋という側面が強くなったかもしれない。それでも抜粋によるシーンの積み重ねによって分かることがある。それは、その現場ではさまざまな文脈で言葉が重層的に発せられ、複数の事柄が同時並行で進行して、このドラマが構成されているということである。そしてさまざまな文脈の言葉が全体としては「地元アイドルによる町おこし」（メモリアルブック108）という一つの流れにまとめられていくのである。

ただし、本書で取り上げることができるのは、内容豊富なこのドラマのごく一部にすぎない。そこで少しでも不足を補いドラマの流れを示すために、主な登場人物紹介および年表を関連文献から引用した。これらの引用およびシナリオのシーンからの引用を読むことを通じて、読者とともにこのドラマを楽しみ、このドラマが示唆するものについて考えたい。

※（[…]は中略を示す。また［　］内の言葉は筆者による）

主な登場人物（メモリアルブック42-44）［登場人物名の下は出演者名］

天野アキ　能年玲奈

東京生まれ。２００８年、高校2年生の夏休みに母・春子の故郷、岩手県北三陸市に初めて帰省。海女の祖母・夏の影響で、海女を志す。やがて町おこしのシンボル・地方アイドルとなり、翌年本格的にアイドルを目指して上京。芸能事務所「ハートフル」のアイドルグループ「ＧＭＴ」に加入するが、やがて離脱。個人事務所「スリーＪプロダクション」でソロ活動を開始。オーディションで映画「潮騒のメモリー」の主演を射止める。東日本大震災を境に、地元を元気づけるため北三陸に帰る。

＊アキの家族

天野春子　小泉今日子

アキの母。18歳で家出同然に上京。アイドルを目指すが結局断念し、タクシー運転手の正宗と結婚。以後専業主婦だったが、24年ぶりにアキとともに帰省。その後、アイドルを目指すアキを支えるため、「スリーＪプロダクション」を設立する。

天野　夏　宮本信子［（若き日の夏／徳永えり）］

アキの祖母。60歳代半ばで現役の海女、袖が浜海女クラブの会長を務める。喫茶「リアス」、スナック「梨明日」を切り盛りする。夫・忠兵衛との間に、一人娘・春子をもうける。春子とのわだかまりは、春子の帰省後、解消した。孫のアキを温かく見守る。

天野忠兵衛　蟹江敬三

アキの祖父。遠洋漁業の漁師で1年に10日ほどしか家に帰ってこないが、家族を心から愛する。一時、漁師を引退したが、海が忘れられず再び船に乗る。世界中を航海したことでグローバルな感覚を持ち、悩み多きアキのよき相談相手となる。

黒川正宗　尾美としのり（若き日の正宗／森岡　龍）

アキの父。東京の個人タクシー運転手。20年前、春子を偶然3回もタクシーに乗せたことがきっかけで結婚。人をイラッとさせる性格。春子から一方的に離婚を迫られ、２００８年冬に離婚。のちによりを戻す。

若き日の春子　有村架純

素人のオーディション番組で1週勝ち抜くも、突然番組は打ち切り。純喫茶「アイドル」でアルバイトをしながら、アイドルの夢を追いかける。ある日、スカウトマン・太巻から頼まれ、鈴鹿ひろ美の影武者として歌を歌う。結局デビューできず、正宗と結婚。

＊袖が浜の海女さんたち

今野弥生　渡辺えり

袖が浜海女クラブの海女。酒好き、話好き、歌好きで、海女たちのムードメーカー。カタカナ言葉を言おうとして口が回らないこと多し。夫は、商工会会長・今野あつし。派手なファッションが自慢の「ブティック今野」を夫婦で経営する。

長内かつ枝　木野　花

袖が浜海女クラブの海女。アキを孫のようにかわいがる。お金に細かく「メガネ会計ばばあ」というあだ名も。漁協組合長・長内六郎と結婚・離婚を2回繰り返したが、今でも仲はよい。息子・克也が、かつて海で命を落としている。

熊谷美寿々　美保　純

袖が浜海女クラブの海女。若いころは人気ナンバーワンの海女だったが、結婚を機に引退。離婚後、再び潜り始める。ほれっぽい性格で、幾度も駆け落ち経験あり。一時、水口琢磨にご執心だったが、その後、バングラデシュ人の彼氏ができる。

安部小百合　片桐はいり

漁協事務員で、アキが来るまでは、袖が浜海女クラブで最年少の海女だった。同級生の春子が上京後、大吉と結婚。同居もせず半年で離婚する。北三陸の郷土料理・まめぶ汁を愛し、〝まめぶ大使〟として関東に進出するが、震災後に北三陸へ帰る。

＊北三陸鉄道の人々

大向大吉　杉本哲太（若き日の大吉／東出昌大）

北三陸鉄道リアス線（通称北鉄）・北三陸駅の駅長。春子の2歳年上で幼なじみ。春子をずっと思ってきたが、春子の上京後、安部と結婚、半年で離婚。今は北三陸と北鉄を盛り上げようと、町おこしに情熱を傾ける。

吉田正義　荒川良々

北鉄・北三陸駅の副駅長。町おこしに奔走する大吉に代わって、駅の業務を引き受けることも。大吉とは掛け合いも絶妙な名コンビ。駅舎内にある喫茶「リアス」、スナック「梨明日」によく入り浸っている。観光協会職員の栗原しおりと結婚した。

観光協会の人々

菅原　保　吹越　満

北三陸市の観光協会会長。町おこしへの情熱があまり見られず、いつも先輩の大吉から文句を言われている。町のジオラマ作りに精力を傾ける。高校時代、同級生の春子と3日間だけ交換日記をしていた恥ずかしい過去を持つ。

栗原しおり　安藤玉恵

観光協会の職員。仕事を黙々とこなす優秀な事務員だが、ときどき大胆な行動に出ることも。恋多き面もあり、菅原と怪しい雰囲気を漂わせたり、一時期アキに振られたヒロシとも付き合っていたようだが、最終的に北三陸駅・副駅長の吉田と結婚した。

＊漁協の人々

長内六郎　でんでん

元漁師で、現在は袖が浜の漁協の組合長。元妻・かつ枝とは仲がよく、今も同居中。仕事柄、地元の漁師や海女たちとの間で板挟みになることも多い。喫茶「リアス」、スナック「梨明日」の常連客で、北三陸の町おこしを真剣に考えている一人。

花巻珠子　伊勢志摩
安部小百合に代わって、漁協で働く事務員。2人の娘を育てるシングルマザー。愛想はなく、歯にきぬ着せぬ物言いが特徴。プロレスや洋楽などマニアックなネタに詳しく、口癖は「わかるヤツだけわかればいい」。（第5週〜）

＊その他の北三陸の人々
小田　勉　塩見三省
北三陸の特産品・琥珀《こはく》を愛し、ひとりで掘り続け、いつも喫茶「リアス」やスナック「梨明日」のカウンターで静かに磨いている。気が小さいので、周りにあまり相手にされない。弟子だった水口の正体を知り破門するが、いつも気にかけている。

今野あつし　菅原大吉
商工会会長。妻の弥生と「ブティック今野」を経営している。喫茶「リアス」、スナック「梨明日」の常連客で、北三陸の町おこしを真剣に考えてはいるが、なかなか行動に移せない。弥生とは、夫婦げんかが絶えないほど仲がいい。

種市浩一　福士蒼汰
北三陸高校・潜水土木科出身。アキの先輩で、初恋の人。ヘルメットをかぶって潜る「南部もぐり」のエリートだが、高所恐怖症。東京での仕事をあきらめ帰郷しかけたところをアキに叱咤（しった）され、「無頼鮨」ですし職人を目指す。（第5週〜）

磯野心平　皆川猿時
北三陸高校・潜水土木科の教師。声はでかいが、なまりが強い。「くぬやろ（このやろう）！」が口癖。近年、潜水土木科に女子がいなかったため、編入したアキを歓迎し、「南部もぐり」を熱心に教える。じつはユイの大ファン。（第5週〜）

ヒビキ一郎　村杉蝉之介
もともとはユイの追っかけだった、カメラマン志望のアイドルおたく。アイドルに関する豊富な知識と先見性が買われ、観光協会のスーパーバイザーに。その後、東京でアイドル評論家として、有名になり、雑誌で連載記事を持つ。（第2週〜）

＊足立家の人々

足立ヒロシ　小池徹平

東京で就職したが2か月半で帰郷。観光協会のホームページ担当で、ユイやアキが地元アイドルになるきっかけをつくる。アキのファン第1号を自認。父・功が倒れ、母・よしえが失踪してから、足立家を支える〝大黒柱〟に成長。あだ名は「ストーブ」。

足立ユイ　橋本　愛

ヒロシの妹で、地元で有名な美少女。初代ミス北鉄に選ばれ、アキとのユニット「潮騒のメモリーズ」でブレイク。しかし、父・功が病に倒れ、母・よしえも失踪したことで上京できず、自暴自棄になり生活が乱れる。春子たちの応援で立ち直り、海女を目指す。

足立　功　平泉　成

ヒロシとユイの父で、県議会議員を務める地元の名士。もともと北三陸高校の教師で、春子や大吉、菅原の担任だった。家では厳格で、とくにヒロシにはつらくあたっていたが、病に倒れてからは成長した長男を頼りにしている。回復後、北三陸市長に。

足立よしえ　八木亜希子

功の妻で、ヒロシとユイの母。岩手県のテレビ局のアナウンサー時代に、20歳も年上の功に見初められ結婚。典型的な良妻賢母を演じてきたが、功が倒れたことで自分を見失い失踪。1年後、東京で春子に再会し、北三陸に戻る。（第3週～）

＊東京でアキと深くかかわる人々

鈴鹿ひろ美　薬師丸ひろ子

10代から芸能界で活躍し、40歳を過ぎた今でも清純さと人気をキープするカリスマ女優。その私生活は謎に包まれている。行

きつけのすし店「無頼鮨」で出会ったアキを付き人にし、付き人を辞めた後もアキを応援する。（第8週〜）

水口琢磨　松田龍平

北三陸では小田勉の琥珀掘りの弟子だったが、真の姿は大手芸能事務所「ハートフル」のスカウトマン。アイドルグループ「GMT」担当。アキが「ハートフル」を辞めると自分も退職。「スリーJプロダクション」でアキのマネージャーになる。（第7週〜）

荒巻太一　古田新太

大手芸能事務所「ハートフル」の社長。通称太巻。「アメ横女学園芸能コース（通称アメ女）のプロデューサーで「GMT」のプロジェクトの立案者。春子に鈴鹿の“影武者”を依頼し、「潮騒のメモリー」を大ヒットさせた。内縁の妻・鈴鹿と結婚。（第9週〜）

河島耕作　マギー

大手芸能事務所「ハートフル」社員。「アメ横女学園芸能コース」のチーフマネージャー。社長である太巻を深く尊敬し、描くビジョンを実行に移すことが使命だと考えてはいるが、日々、メンバーのトラブル対応に追われている。（第13週〜）

甲斐　松尾スズキ

東京・原宿にある純喫茶「アイドル」のマスターで、アイドルおたく。春子はこの店でアルバイトをしているときに、マスターから太巻を紹介された。アキも「ハートフル」を辞めた後、一時期この店でアルバイトとして働いていた。（第13週〜）

梅頭　ピエール瀧

「東京EDOシアター」近くのすし店「無頼鮨」の大将。口数は少なく黙々とすしを握っていて、客の言うことに渋くほほ笑みながら相づちを打つが、人の話を聞いていないことが多い。鈴鹿が店の常連客で、職人見習いとして種市を雇う。（第13週〜）

＊「GMT」メンバー

入間しおり　松岡茉優

「GMT」のリーダーで、埼玉県の地元アイドルグループ「NOオーシャン」出身。責任感と危機感が強く、ことあるごとにメンバーを招集しては反省会を開く。つねに熱く語り、「天下とろうね！」が口癖。初期衣装デザインは深谷ネギがモチーフ。（第13週〜）

遠藤真奈　大野いと

福岡県のアイドルグループ「親不孝ドールズ」出身。自己紹介で出身地を言うときに必ずせきこんでいたが、ある日、本当は佐賀県出身だったことが判明。初期衣装デザインは佐賀の「がばいばあちゃん」をイメージしていた。（第13週〜）

宮下アユミ　山下リオ

徳島県のアイドルグループ「うずしお7」出身。「アメ女」「GMT」合同の国民投票で29位という好成績をあげるが、何者かが事務所に彼氏の存在を告げ口したことで脱退。その後、結婚してママに。初期の衣装は阿波踊りの浴衣に編みがさ。（第13週〜）

喜屋武エレン　蔵下穂波

沖縄県出身。いつも騒がしい「GMT」メンバーの中で、ひとりゆったりとした島の時間が流れている。「なんくるないさー（何とかなるさ）」が口癖。「GMT」メンバーの癒やし的存在。伝統的な琉球舞踊の衣装で踊る。（第13週〜）

小野寺薫子　優希美青

宮城県のアイドルグループ「仙台牛タンガールズ」出身。「GMT」最年少の14歳で、寮ではアキと同室。アキを姉のように慕っていたが、リメイク映画「潮騒のメモリー」のオーディションではライバルに。初期の衣装デザインは仙台牛をイメージ。（第13週〜）

ベロニカ　齋藤アリーナ

父親は山梨県出身。母親はブラジル出身。アキの脱退後に「GMT」に参加。片言の日本語しか話せないが、口癖が「否《いな》めな

い」。そのアンバランスさとキュートさが、人気を呼び、「ＧＭＴ５」のセンターに抜てきされる。（第19週～）

＊「アメ横女学園芸能コース」

有馬メグ　足立梨花

「ハートフル」所属アイドルの頂点である「アメ女」のセンターだったが、国民投票でまさかの31位となり奈落に。「ＧＭＴ」のメンバーとして活動を始めるが、再三のスキャンダル報道で強制的に卒業させられる。あだ名は「マメりん」。（第13週～）

［出演者についてはドラマ・ガイド1、同2および能年・天野参照］

『あまちゃん』年表（「非公式 あまちゃんワールド年表」大研究 194-199 参照）［ドラマでの出来事（太字）に加えて現実世界に関連する出来事が細字で挙げられている。］

1940年度
○天野忠兵衛　生まれる。
1944年
6月――○夏　生まれる。
1959年
3月――○天野忠兵衛が北三陸高校潜水土木科を卒業（第一期卒業生）。
1960年
5月22日○チリ地震。東北地方にも津波の被害。
1961年
○天野忠兵衛がマグロの延縄漁など、遠洋漁業を始める。
1962年
9月20日○橋幸夫と吉永小百合のデュエット曲『いつでも夢を』発売。同年末、第4回日本レコード大賞の大賞を受賞。
1963年
1月11日○橋・吉永主演の日活映画『いつでも夢を』が公開。
3月――○第35回選抜高校野球大会で『いつでも夢を』が入場行進曲に採用された。
1964年
下半期――○天野忠兵衛と夏が結婚。結納も結婚式も夫は遠洋漁業に出ていた。

4月29日○吉永小百合主演の日活映画『潮騒』公開。

上半期――○北三陸市の体育館で『橋幸夫歌謡ショー』開催。天野夏（19）橋幸夫とデュエットする。※第20週第115回

1966年

4月12日○天野春子生まれる。

1981〜3年

○天野春子、パーマをかけ聖子ちゃんカットに。歌うのが好きで、地元の数々ののど自慢大会で優勝する。

1984年

6月30日○オーディション番組『君でもスターだよ』のテープ審査の合格通知を受け取った春子は夏に東京行きを懇願。その直後、天野家を市長や漁協の組合長らが訪れ、春子に海女になってくれるように懇願する。※第1週第6回

7月1日○北三陸鉄道リアス線開通。北三陸駅よりその一番列車に乗って天野春子は家出し、東京へ。

7月7日○春子は『君でもスターだよ』の二次審査の日。※第7週第39回

7月某日○『君でもスターだよ』で勝ち抜いてチャンピオンになるも、番組は最終回に。同番組のバックダンサーとして荒巻も出演。※第13週第76回

○天野春子、純喫茶アイドルでアルバイトを始める。

1985年

夏――○春子、純喫茶アイドルに来店した荒巻が忘れていった名刺を手に入れる。

○黒川正宗（21）のタクシーに乗って、春子は鈴鹿ひろ美の影武者として映画主題歌を歌うため、録音スタジオへ向かう。

※第13週第76回

12月――○1986年の正月映画である、鈴鹿ひろ美初主演作『潮騒のメモリー』公開。

1986〜8年

○春子は鈴鹿ひろ美の影武者として、セカンドシングル『縦笛の天使／恥ずかしがり屋のキューピッド』とサードシングル『Don 感ガール／私を湖畔に連れてって』を収録。いくつかの歌番組にも影武者として声だけの出演。

1989年

○東京での生活に疲れた天野春子（23）は荒巻と決裂し、黒川正宗（24）のタクシーに乗って、世田谷から上野に向かう。上野で母親に電話した結果、帰郷するのを辞める。上野から世田谷へ帰るつもりで拾ったタクシーが偶然、黒川の車。2人は交際に発展し、同年に結婚。

1990年

○大吉と安部小百合が結婚するが、半年で離婚。

1991年

11月23日○黒川春子、秋（アキ）を出産。※第6週第36回（アキ17歳の誕生日）第14週第81回のアキの履歴書

1992年

○長内六郎・かつ枝夫婦の息子・カツヤが波に呑まれて死去。※第3週第18回

2008年

6月30日○大吉からのメールを機に、春子（42）が娘・アキ（16）を連れて、24年ぶりに北三陸市袖が浜に帰郷。

7月1日○袖が浜海岸海開きの日。

8月――○アキの海女修行、父親の正宗が袖が浜に来訪。

8月下旬○春子とアキは東京に帰るのをやめ、袖が浜に残ることに。

9月6日○アキは夏との約束を破って午後4時以降に海に入り、海流に流されてしまう。※第3週第14回
9月7日○K3RNSP合同サミットで、ミス北鉄コンテスト開催を決定。

9月7日○海女禁止令を受けたアキはユイの家にお呼ばれ。夕食をご馳走になる。※第3週第16回

9月12日○ユイがアキに「アイドルになりたい」と告白。
9月13・14日○北三陸市の秋祭り。ユイ、第一回ミスコンの初代ミス北鉄になる。※第2週第11回（秋祭りポスター）
9月20・21日○HPにアップされたミス北鉄のユイの映像の効果で北三陸市にカメラ小僧たちが集まる。
9月22日○ヒロシがアキの動画をHPにアップ。
9月27日○袖が浜のアキのもとにもオタクたちが集まる。
9月29日○アキはヒロシに告白される。※第4週第23回
9月30日○海女漁最終日。本気獲りの日。※第4週（漁協の予定表）
10月4日○安部小百合は袖が浜を出て、宇都宮の岩手物産館へ向かう。※第4週第24回
10月6日○ヒロシが北鉄のHPにアップしたアキとユイの動画にコメントが殺到。※第5週第25回
10月のある週末　アキとユイがウニ丼の手売りを始める。アキは種市先輩に一目惚れ。※第5週第26回
11月4日○アキが北三陸高校の潜水土木科に転入。※第5週第28・29回（アキの編入届け。この届けに「平成24年」と間違って書かれているが……）
11月15日○遠洋漁業から帰ってきた忠兵衛にアキが大きく驚く。ユイはその晩、天野家にお泊り。※第6週第31回
11月17日○ヒロシは春子から「アキに好きな人がいる」と知らされる。
11月18日○夏と忠兵衛、4日目で早くも倦怠期。アキとユイにはテレビ出演の依頼。※第6週第34回
11月中下旬○アキとユイ、岩手こっちゃこいテレビの夕方の番組『5時だべ　わんこチャンネル』に出演。その週末に観光客殺到。
大吉らは春子との話し合いの末、アキの北鉄のアイドル業は2009年3月の高校2年が終わるまでと期限を切られる。
※第6週第35回
11月23日○アキの17歳の誕生日。
11月30日○忠兵衛、遠洋漁業に出漁。※第6週第41回（漁協の予定表）

12月――◯小田勉の弟子・水口が虫入り琥珀を発見。※第8週第43回
12月24日◯正宗、春子に離婚届を渡す。※第8週第44回

2009年

1月21日◯アキの潜水士免許試験日。
2月4日◯アキが潜水士試験に合格。※第8週第45回
3月――◯アキと種市先輩、夜の北鉄車庫で焚き火をしてのデート。
3月12日◯種市先輩にフラれたアキは、自転車で猛ダッシュしながら海に飛び込む。
3月17日◯北三陸高校の卒業式。
3月18日◯北鉄開通25周年イベントのお座敷列車の初日。イベント後、種市先輩が上京する。
7月1日◯袖が浜海岸海開きの日。海女カフェがオープン。
7月――◯北三陸高校の夏休みスタート。
7月～8月◯ユイは家出の失敗で引きこもりに。アキは「海女～ソニック」を企画。※第10週第60回、第11週第61回
8月――◯VHSビデオで『潮騒のメモリー』を観たアキは、アイドルになりたいと思う。※第11週～第13週第76回
8月13日◯3日間の「海女～ソニック」初日、春子にアキが殴られる。アキとユイ、荒巻太一と電話、面接を予約。
8月14日◯アキとユイ、東京に荒巻に会うため深夜バスで家出するが、バスに乗り間違えて家出は失敗。
8月15日◯K3RNSP緊急サミット。夏と春子の和解。アキは東京行きを許される。
8月22日◯アキとユイ、ハートフルと契約。※第12週第68回
8月23日◯ユイの父、足立功倒れる。
8月24日◯アキのみ、アイドルになるため東京へ。上野の劇場、アキの父親のマンション、GMT寮へ。※第12週第72回
8月25日◯アキは荒巻と初対面。アメ女の有馬めぐのシャドウになる。アキは春子の手紙を読む。ユイの父の手術成功。水口、日

帰りで北三陸市へユイの父のお見舞いに。

8月26日◯アキにユイから「早く東京に行きたい」とメール来る。

9月1日◯上京して1週間が経過したアキは、朝比奈学園芸能コースに高3の2学期から転校。

9月8日◯ユイはアキに「もう大丈夫」と連続してメールを送信。大丈夫じゃない！

10月――◯東京で種市先輩と出会い、アキと無頼鮨で昼食。種市は仕事を辞めたことを告白。鈴鹿ひろ美と荒巻が隣の座敷で話し合う。その2、3日後に、無頼鮨で種市が働き始める。

10月6日◯ユイからアキへ、ユイ父が来月退院できそうだから東京へ行ける、とメール。ユイの母と春子が喫茶リアスで会話。アキは無頼鮨に鈴鹿ひろ美に会いに行く。

10月7日◯ユイの母・よしえが家出したことが発覚。

10月14日◯ユイは東京行きを諦め、自暴自棄になる。

◯アメ女の有馬めぐに男性スキャンダル発覚。

◯アキ、鈴鹿ひろ美の付き人になる。

10月29日以前◯ユイは不良となる。

11月――◯アキは種市先輩と屋上デートし、ぐれたユイの話題に。

11月28日◯アキはGMTの路上ライブ中、ユイの母を東京で目撃。

12月6日前後◯アキのミサンガが一本切れる。

12月12日◯アメ女&GMT国民投票の発表の日。アキの初ドラマの撮影日。※［第15週］第87・88回
12月24日◯大吉、春子にプロポーズ。

12月31日◯アキは喜屋武を連れ、宮古行きの深夜バスに乗って北三陸市へ帰省。

2010年

1月1日〇アキ、喜屋武と一緒に北三陸市へ帰省。アキとユイが大喧嘩。※第15週第90回、第16週第91回
1月2日〇喜屋武は沖縄の実家へ帰省。テレビ買い替え。アキ出演のドラマの放送日。

1月7日〇水口がアキに電話。留守電メッセージを多数入れる。

1月10日〇アキ、北三陸から東京に戻る。春子の2通目の手紙を読み、母の過去のすべてを知る。

1月24日〇天野家のウニ仕入れ日。

1月25日〇鈴鹿ひろ美主演映画『猫に捨てられた犬』公開。

〇奈落組となったアメ女の有馬めぐはGMT寮に引越し。※第16週第89［93？］回
〇忠兵衛、南半球へ遠洋漁業へ出発。※第17週第98回
〇有馬めぐwith GMT『地元に帰ろう』の制作発表。※第17週第99回
3月下旬〇ヒロシ、物産展のため上京。鈴鹿ひろ美はアキに荒巻と付き合っていたことを語る。※第17週第99回
〇アキとヒロシ、喫茶アイドルを訪ねる。

4月――〇アメ女の有馬めぐは恋愛スキャンダル発覚し、ハートフルから解雇される。アキは荒巻に噛み付き、事務所解雇を言い渡され、それを春子に電話報告。翌日に春子は東京の無頼鮨へ。荒巻へ鈴鹿が意見し、アキは解雇を免れる。

GMTメンバー6人でデビュー曲『地元に帰ろう』をレコーディング。

〇荒巻のやり方に激怒した春子はアキを荒巻の事務所からやめさせる。

〇春子はアキをデビューさせるため芸能事務所を設立。

6月1日〇水口、ハートフル事務所辞め、春子のスリーJプロダクション所属のアキ専属マネージャーに。

7月4日〇GMT5のライブ「GMT祭り」の日。

7月10日〇春「子」は影武者だった過去を利用して多数仕事を獲得し、事務所で会議。

7月30日〇アキが選んで出演した教育番組『見つけてこわそう』の放送日（収録日は7月16日）。

8月12日〇アキが出演する「神技ゼミナール」の広告掲載日。

12日以降〇アキの広告を見たユイの母・よしえは春子に連絡。※第19週第113回
8月14日〇天野夏と大吉、上京。

8月中旬〇鈴鹿の計らいで、夏は橋幸夫と再会。※第20週第116回
8月21日〇夏一行、足立よしえを連れて北三陸に帰る。

9月1日〇荒巻と河島、鈴鹿ひろ美に映画『潮騒のメモリー』リメイク版の出演交渉。主演はオーディションで決めることに。アキは『スタジオパークからこんにちは』にゲスト出演。

9月5日〇『潮騒のメモリー』リメイク版、主演オーディションをスポーツ紙で告知。

9月12日〇映画『潮騒のメモリー　～母娘の島～』主演オーディション第1次審査の日。一方、天野夏（66）が倒れ、救急搬送。

同日夜、夏ばっぱの心臓バイパス手術成功。

9月13日〇映画『潮騒のメモリー　～母娘の島～』オーディション、アキは第1次審査を通過。

11月――〇映画『潮騒のメモリー　～母娘の島～』撮影終了。

12月――〇天野アキが映画主題歌『潮騒のメモリー』をレコーディング。春子、荒巻、鈴鹿が和解。

2011年

3月5日〇天野アキ主演『潮騒のメモリー　～母娘の島～』公開。

3月――〇鈴鹿ひろ美がスリーJプロダクションに移籍。

3月11日〇東日本大震災。ユイは東京行きの最中、北鉄で被災。

3月12日〇『潮騒のメモリー』公開記念の天野アキ&GMTライブ予定日だったが延期。

3月16日〇北三陸鉄道は一部運行を再開。※第23週第133回
4月11・18・25日〇改題した『じぇじぇじぇのぎょぎょぎょ』の放送日。

4月29日○夏ばっぱからアキにメールが届く。

6月——○歌番組『私らの音楽』でGMTとアキが共演。※第23週第135回

6月24日○アキ、1年半ぶりに北三陸に帰省。※第23週第137回

7月1日○袖が浜の海開きの日。

7月4日○観光協会でK3RNSP（北三陸なんとかすっぺ）サミット。※第24週第139回

8月——○種市が北三陸に帰省。※［第24週］第141回

○春子、鈴鹿ひろ美に来ていたチャリティソングの仕事を断る。

8月17日○GMT5が北三陸市を訪問。「潮騒のメモリーズ」再結成。

2012年

2月——○北三陸の市長選挙で足立功が当選。※第25週第147回

4月——○さかなクンが北三陸に現われ、のちに自分の魚コレクションを海女カフェに寄贈。※第25週第149回

6月18日○忠兵衛が北三陸に帰郷。鈴鹿ひろ美が北三陸に早入り。※第25週第149・150回

6月27日○アキはユイに鈴鹿ひろ美が音痴だと打ち明け、一緒に鈴鹿を3日間特訓する。

6月30日○海女カフェで『鈴鹿ひろ美チャリティーリサイタル』開催。3組の合同結婚式&披露宴。天野夏の海女引退宣言。水口が……［恐竜の化石を発見］。

7月1日○北三陸鉄道、北三陸―畑野間で運転再開。潮騒のメモリーズZ［号？］のお座敷列車は満席で発進。小田勉の琥珀採掘所で畑野小学校の少年が恐竜の化石を発見。※第26週最終回

7月2日○三陸新聞の一面に恐竜の化石発見、三面にお座敷列車の記事が大きく掲載。※第26週最終回

PART I

第1章

〈変化〉の中での〈自分〉探し

このドラマではアキを軸として、アキとまわりの人間たちとの関係が描かれている。この関係の在り方をめぐって、そこには一つ不思議なことがある。それは、まわりの人間たちがみんな変わったのに対して、アキは変わらないとされているということである。

［北三陸から東京に向かうとき］

北三陸駅・ホーム

車両から降りる春子。

アキ「ねえママ、私変わった？」

春子「え？」

アキ「1年前と、ずいぶん変わった？」

春子「……」

大吉、断腸の思いで発車ボタンを押し、

大吉「出発進行――――!」
アキ「(思わず) あっ」
　ドアが閉まる。動き出す列車。アキ、答えが聞きたくて窓を開ける。
春子「変わってないよアキ!」
アキ「…ママ」
春子「昔も今も、アンタは、地味で暗くて向上心も協調性も存在感も個性も華もないパッとしない子だけどね、だけど…みんなに好かれた! ここで、みん〰〰なに好かれた!」
アキ「…うん」
春子「アンタじゃなくてみんなが変わった! 自信持っていいよ、それは、すごい事だから!」
アキ「うん!」
春子「行ってらっしゃい!」
　名残惜しそうに車両の中で逆に歩きながら手を振るアキ、振り返す春子。
　列車、遠ざかって行く。
(第12週第72回、シナリオ1:625-626)(註1)

何が変わったのかあるいは変わらないのか、という問いに一言で答えるならば、その何かとは〈自分〉(「オラ」「おら」「ずぶん」「わだす」「わだし」「私」「俺」「僕」などで表現される)である。というのは、変わったのかどうかを気にしているのは、それを問う〈自分〉であり、問われているのはこの〈自分〉の在り方についてだからである。ここで言う〈自分〉探しにおいては、探される或る特定の〈自分〉についてもさることながら、むしろその〈自分〉が他ならぬ〈自分〉であることとそのこと自体について関心がもたれている。(註2)

そのようにして、このドラマでは、〈自分〉が変わったのかどうかを問うという点でアキにとってその〈自分〉探しが軸になっている。そして、変わらないアキとの関係の中でまわりの人間たちが変わるとされている。

このような関係は、どこにでもありそうであるが、しかし実はあまり普通には見られない関係ではないだろうか。というのは、もし変わるのであれば登場する人間たちの誰でもそれぞれの仕方で変わるだろうからである。そして変わるということ自体にはそれほど重点が置かれることはないであろう。これに対して、このドラマでは変わるということ自体に特別の意味が見出されているように思われる。そこで問われるのは、このドラマでアキが変わらないとされることと人間たちが変わるとされることとがどのように結びつくのか、ということについてである。

アキは少女から大人の女性になっていくのだから、もちろん年齢相応にそれなりに変わっていくはずである。しかし、ここで問われているのは、そのような変化についてではない。そうではなくて、そのような変化があるにもかかわらず、彼女は根本的には変わらないとされているということについてである。それは、自分の在り方についてアキの態度は変わることがないということであろう。

［東京にて］

純喫茶『アイドル』

［…］

ヒロシ「…アキちゃんは東京来てもちっとも変わらないね」
アキ「…そうがな」
ヒロシ「あの寮の雰囲気なんて、昔の漁協みたいだよ」
アキ「んだべ!? そう思うべ、みんな勝手に喋って勝手に笑って、海女クラブみだいで面白えんだ。水口さんは勉さんみでえだし、安部ちゃんもいづの間にか入り浸って、毎日のようにご飯作ってくれるし」
ヒロシ「アキちゃんがいるからだよ」
アキ「え?」
ヒロシ「アキちゃんがいる場所は、他の場所より、ちょっとだけ温度が高くて、明るいんだよ、アキちゃんのおかげだよ」
アキ「…おいおい（笑）よせやい（笑）人をまるで、ストーブみでえに（笑）」
ヒロシ「本当だって、漁協だってアキちゃんが来る前はどんよりして、それこそ奈落の底みたいだったんだよ。それが今じゃ、海女カフェが建って、ババぁが走り回ってんだよ（笑）場所じゃなくて人なんだよ、結局」
アキ「…場所じゃなくて人…が、いいごど言うな」

ヒロシ「前に春子さんに言われたんだけどね」
アキ「ママが？」

× × ×

（回想）軽食&喫茶リアス。
春子「田舎がイヤで飛び出したヤツって、東京行ってもダメよね。逆に田舎が好きな人って、東京行ったら行ったで案外うまくやれんのよ、きっと。結局、場所じゃなくて、人なんじゃないかなって、最近思う」

× × ×

アキ「（感心し）へえ〜、ストーブさんの言葉にしては気が利いでるなーど思ったら、ママの真似が、どうりで」
ヒロシ「ごめん」
アキ「確かに、場所じゃねえ、自分をしっかり持ってれば、どごさ居ても大丈夫なんだ［…］」
（第17週第100回、シナリオ2：241-242）

［東京から北三陸に帰って］

北三陸駅・駅舎

［…］

ヒロシ「…アキちゃん、選挙行ったの？」

アキ「んだ、オラもう二十歳だもの、国民の義務だ」
ヒロシ「お酒飲んでる」
アキ「まあな、形だけだ」
と、ヒロシのコップにビールを注ぐ。
ヒロシ「あ、どうもどうも」
アキ「まあまあまあ」
ヒロシ「そうか…初めて北三陸に来た時、幾つだっけ」
［…］
アキ「高2の夏だがら16だな」
［…］
アキ「ストーブさん、オラ、変わったがな」
ヒロシ「え？」
アキ「16ん時より、多少は大人になったがな」
ヒロシ「……いや」
アキ「そうが」
ヒロシ「ごめん…でも、嘘ついてもしょうがないし、アキちゃんぜんぜん変わらないよ」
アキ「……」
ヒロシ「それはでも、凄いことだと思うよ。東京の子が田舎に来てさ、海女になって、東京行ってアイドルになって、映画に出て、また帰って来て…それで変わらないんだもの。大したもんだよ。普通いろいろあるって。いい気になったり、派手になったり男できたり…」

アキ「男はできたよ」

ヒロシ「…うん。でも基本は変わらないよ、アキちゃんは」

アキ「いがった」

ヒロシ「いがった?」

アキ「うん…芸能界さいるど、ていうか、東京がそうなのがな。成長しねえど怠げでるみたいに言われるべ? でもな、成長しなぎゃダメなのが? って思うんだ。人間だもの、放っといでも成長するべ。背が伸びだり、太ったり痩せだり、おっぱいでっかぐなったりな。それでも変わらね、変わりだぐねえ部分もあるど思うんだ。あまちゃんだって言われるがもしんねえげど、それでもいい。うん、プロちゃんには、なれねし、なりだぐね」

ヒロシ「……」

アキ「なんだよ、黄昏れで」

ヒロシ「いや…『男はでぎだよ』のダメージが予想外に重くて」

アキ「変わんねえなあ! ストーブさんは!(笑)」

(第25週第147回、シナリオ2:628-629)

アキが、自分の気持を告白したこともあるヒロシを前に、「男はでぎだよ」と言うのは、何とも織細さに欠けるところであろう。しかし、それはいかにもアキらしい天真爛漫なところということであろうか。アキはここではヒロシに「変わんねえなあ」と言っているのだが、しかし、実はヒロシはこのドラマで変わらないアキの態度を、引用にあるような言い方で、もっともよく見守っている人間の一人であり、(「ストーブさん」と呼ばれはするが、最初はストーブと向き合ってばかりいたのでそう呼ばれたのとは変わって後には町おこしを担う主要なメンバーの一人として)彼自身はドラマの中で大きく変わったのである(ここでの当の「男」である種市も同じようにアキについて述べている。第24週第143回、シナリオ2：591、後掲参照)。

アキの態度とは、アキがどのような在り方であれ、つねに自分の在り方への関心をもっており、自分とはどのような存在なのかについて問うという点で変わることがないということである。アキは変わらないとされ、変わったのはまわりの人間たちだとされる場合、アキには独自の役割が与えられていると思われる。つまり、自分は変わらないことによって、まわりの人間たちが変わったのかどうか、そして彼らがどのように変わったのかを彼ら自身に認識させる基準になるという役割である。そのことによって、まわりの人間たちは自分たちが変わったことを認識し、そしてそのことを自分たち自身のこととして受け容れ納得するのである。

〈自分〉探しについて言えば、それはアキだけのことではなく、まわりの人間たちもそれなりに自分探しをしているにちがいない。ただし、その自分探しの方向はさまざまであり、そこには必ずしも一貫した在り方は存在しないのかもしれない。しかし、根底においては彼らにとってもアキにとってと同様の問いがあると思われる。アキの場合は、つねに自分の在り方への関心が自分という存在への問いになるというところに特徴がある。それは、彼女がそのような問いを立てる状況に置かれているということであろう。

まわりの人間たちもそれぞれの事情に基づく状況に置かれているのだから、その状況のもとでは彼らにはアキとは異なったさまざまな問いが立てられるであろう。その際、その問いの立て方がアキの場合のように自分の存在への問いになるのかどうかが残されている。ドラマの中では、北三陸の人間たちそれぞれの問いは彼らの住む共同体の町おこしという方向づけとして一つの大きな流れの中で位置づけられている。そのとき、それぞれの自分の存在への関心はさしあたり町おこしという方向のうちに一体化しているようである。そこで、アキの問いのような方向が独自の役割を果たすことになる。というのも、アキはあくまで自分が自分であることに、したがって自分の存在への関心にこだわるからである。そのようなアキの態度を見ることによって、一人ひとりの人間にとって共同体の存在理由があらためて見直されるのである。

その際問われるのは、共同体がアキの自分探しに一つの答えを与えるのかどうかということである。つまり、共同体はそのような答えを与える共同体、したがって自分の居場所としての共同体であるのかどうかということである。そのとき、それだけアキの関心がまわりの人間たちにとっても関心となるような普遍的なものであるということになるであろう。というのは、町おこしという方向は一人ひとりの人間にとって自分の存在への関心と合致してこそはじめて実現可能になるだろうからである。こうして、一人ひとりの人間の自分探しはアキの自分探しに関わっていると思われる。このように見るならば、アキとまわりの人間たちとは〈変化〉というものをめぐって切り離すことのできない関係のうちにあることになるであろう。

◯「空」：「色即是空　空即是色」

ところで〈変化〉と言えば、仏教的な思想的伝統のもとでの「空」の立場が想起される。このドラマで取り上げられる『潮騒のメモリー』（後述参照）という歌には仏教的なイメージが含まれている。そのイメージからすれば、このドラマで描かれる〈変化〉については、「空」の立場から解釈することができよう。この立場には、変化というものをめぐって一つの原理的な立場が示されている。それに基づくならば、あらゆるものについて「色即是空　空即是色」（文献資料1）とされる。つまり、あらゆるもの（「色」）は変わっていくものであって、そこには何ら確かな実体というものがない（「空」）ということである。

このドラマのうちに、「空」とはどのようなものなのかについて、現代日本において生きる人間たちをいわば具体化する形でアキおよびまわりの人間たちが登場し、その立場が表現されていると言うことができるかもしれない。ただし、そこで表現されているものは人間の次元に限定されているのではあるけれども。

では、その「空」の立場からドラマにおけるアキとまわりの人間たちとの関係はどのように捉えられるのだろうか。この問いに答えるために、ここで、ドラマに登場する人間たちが変わるということについて考察してみよう。

そこには「空」をめぐって二つのプロセスがあると思われる。二つのそれぞれは、アキによって、またまわりの人間たちによって示される。「空」への両者の関係の在り方によって、ドラマの中で変わるとされる後者から取り上げることにしよう。

一つは、アキのまわりの人間たちがたどるプロセスである。彼らは、さまざまな姿をとって変わっており、つまりさまざまな「色」として存在している。それゆえ、彼らは「色」のままに止まっている。そしてその「色」ゆえに自分自身としても相互にとっても、それぞれ自分探しを続けながら、葛藤したり折り合いを付けたりしている。したがって、彼らは「空」には到達していない。しかし、アキとの関係の中で彼らは新しい局面に触れることになり、その結果「空」へのプロセスを歩んでいくのである。そのとき、彼らは自分が自分であることを見出してきたものが一つの「色」にすぎず、何ら確かな実体ではないことを捉えざるを得なくなるのである。彼らは、自分が自分であるためには、逆説的だが自分を否定しなければならないわけである。そのことによってはじめて、彼らは「空」に到達するのであろう。つまり、彼らの歩んでいくプロセスは「色即是空」である。

もう一つは、これに対してアキの歩んでいくプロセスである。やや奇妙なことであるが、アキはそれなりに変化しつつ、その変化することにおいて根本的には変化しないという仕方で存在している。したがって、アキは、元々彼女には何か確かな実体にあたるものがないということによって、あらかじめ「色即是空」に、つまり「色」からすでに「空」に到達しているようである。ただしその場合、自分探しの結果として自分自身がそのような仕方で存在していると納得しているわけではない。そうではなくて、あくまで外側の状況からそのようにさせられているといういわば受動的な在り方をしている。そこからアキはまわりの人間たちとの関係の中で新しい局面に触れることになり、彼らの影響を受けてアキなりのプロセスが始まるのである。そのプロセスにおいて問われるのは、すでに与えられた「空」から、ではどのような「色」を作っていくのか、つまり「空即是色」へとどのようにして自分探しの結果として自分自身が納得して能動的な在り方において到達するのか、ということである。

こうして、アキとまわりの人間たちとはちょうど逆方向のプロセスにあることになろう。そしてアキが「空即是色」のプロセスにおいて自分探しを続けること、このことがまわりの人間たちを「色即是空」のプロセスへ、さらに「空即是色」のプロセスへと促すのであろう。

○未曽有の〈変化〉

このように、このドラマでは現代日本に生きる人間たちの〈変化〉が描かれている。この〈変化〉は「空」の立場から捉えることができると言えよう。そのかぎりでは、あらゆるものの〈変化〉を捉える「空」の立場から見れば、このドラマは一つの例であることになるであろう。そして、そこには何も特別のものがあるわけではないということになるのかもしれない。しかし、われわれ現代日本に生きる人間一般にとって、その内容として、このドラマを特別のものにしているものがある。それは、このドラマにおいて登場人物によって表わされる人間たちの〈変化〉の中でも未曽有のものとして東日本大震災（以下3・11と呼ぶ）における被災のもとでの〈変化〉が取り上げられたということである。つまり、このドラマでは〈変化〉の中でも未曽有の〈変化〉をもたらしたものとしてこの震災が背景になっているのである。

ドラマ制作者は、3・11をどのように背景にするのかも含めて検討した上で、何らかの仕方で震災

を取り上げる作品にすることを決めてこのドラマの制作を構想したのであろう。（註3）
　3・11は、自然というものおよびその一部としての人間というものがその根底において「色即是空」であるということを明らかにした。いまや一人ひとりの人間は、それまでさまざまな形で営んできた仕方では自分が自分であることができずに、自分自身を見失ってしまった。一人ひとりの人間が自分探しを追求していく方向がいわば全体として失われたのである。つまり、自分が何か確かものとして追求してきたものとしての「色」には実体というものがないのであり、したがってそれは「空」であると受け止めざるを得なくなったわけである。ここから人間たちは集団的に新たに一つの「色」を作り出さなければならない。そのことによって、人間たちは一度は否定された〈自分〉から新たな〈自分〉を作り出すこと、つまり「空即是色」に到達するのである。そのようにして、人間たちは復興を遂げるであろう。
　その際、人間たちは独自の方法を獲得しなければならない。論点の先取りになるが、このドラマではその方法は「逆回転」（文献資料2）と言われている。そこで問われるのは、この方法が「空」の立場における〈変化〉の捉え方とどのように関わるのかということである。端的に言えば、このドラマでは「空即是色」のプロセスは「逆回転」として捉えられている。
　アキは、その存在においていわば「空」を先取りした形になっている。アキが自分の存在を一つの「色」として作ろうとするとき、つまり「空即是色」を実現しようとする。その場合アキは、これを集団的実践にまで広げていくようになるであろう。すなわち、「地元アイドルによる町おこし」の実践である。「逆回転」とは、この実践を導く方法であるということになろう。

このような形で、このドラマは3・11という未曽有の変化において人間にとっての変化とはどのようなものであるのかを根本的な仕方で示し、そこからどのような方向が見出されるのかという希望をわれわれに与えてくれるのである。

3・11に関わるテーマは、ここでは「連続テレビ小説」という名称のもとでの一つのドラマ『あまちゃん』という形で取り上げられている。すなわち、このドラマは、被災の記録そのものあるいは被災についてのノンフィクションではなく、また被災の記録あるいはノンフィクションに基づいたフィクションでもない。(註4)このドラマは、これらの記録あるいはノンフィクションの背景についてのフィクションである。

このように、このドラマは直接的に3・11を取り上げるドラマではない。そうではなくて、3・11を背景にしつつも、むしろそれ以前にそこに登場する人間たちがどのように振る舞ってきたのか、そしてどのように3・11に遭遇したのか、そしてその後どのように振る舞うのかということを描くドラマである。このようにいわば間接的な取り上げ方によって、かえって3・11に関わるテーマが現代日本に生きる一人ひとりの人間にとってそれぞれの人生の意味に関わるものとして深く大きな広がりをもって捉えられたと言えよう。

第2章　北三陸─東京、海女・アイドルであることと自分であること

　これらの人間たちの関係が二つの地域を舞台に描かれる。そこには、人間たちを取り巻く時代および社会についての作者の認識が示されている。その地域の一つは、3・11の被災地として想定された「北三陸」という架空の市である。そしてもう一つは、（この市の人間たちから見られたかぎりでの）東京である。ここに北三陸─東京という二つの地域が舞台となる。この両地域の関係には「田舎」─「都会」という関係が重ねられている。この関係がとりわけ北三陸─東京関係において捉えられるのである。このように現代日本の状況において、時代をより限定するならば、戦後日本の状況において、これら両地域に生きる人間たちが相互にどのような関係にあったのかが描かれる。つまり、その関係は戦後日本の状況のもとで二つの地域の在り方に規定されるのである。

　その上で、人間たちがどのように被災し、どのように復興をめざすのかが、おのおのの〈自分〉探しと重ね合わせて捉えられる。

○海女

では、どのような人間たちが登場人物として選ばれたのかと言えば、このドラマで主題的に取り上げられるのは、「海女」である。彼女たちは、おそらく漁師と並んでもっとも直接的に海と関わってきた人間たちであろう。

その海女の成り立ちについて、ヒロイン・アキの祖母夏のナレーションを聴こう。

> **海女の成り立ち**
>
> [...]
>
> **夏　N**「北三陸地方の男性の多くは遠洋漁業の漁師です。一年の大半を海の上で過ごします。家長が留守の間、家を守り、生計を立てるのが女の役目。複雑に入り組んだリアス式海岸は海藻が育ちやすく、また岩場にはウニやアワビ、ホヤなどが棲息しています。それらを素潜りで獲り、家計の足しにした。これが海女漁の始まりです」
>
> [...]
>
> 「伝統的な海女漁は今も各地で行われていますが、その中で、日本のみならず世界的に見ても最北端に位置するため、袖の海女は『北の海女』と呼ばれています」
>
> （第1週第2回、シナリオ1：26）（文献資料3）

夏は、夫忠兵衛とのエピソードなど海女の歴史の出来事に関して触れつつ、海女というものについてアキに語る。

天野家・居間

［…］

夏　「いいがアキ（真顔になり）海女にはそういう歴史があるんだど、だから海女が獲ったウニやアワビには、家族のために海で働く漁師と、留守を守る嫁の愛情が、いっぺえ詰まってるんだ」

アキ　「だから……海女ってカッケーんだ」

夏　「んだ、だからカッケーんだ」

（第2週第8回、シナリオ1：82-83）

海女は、漁師とともに人間と自然との関係を体現する。漁師が陸から離れて活動するのに対して、海女の多くは漁師の男たちを海に送り出す女たちである。つまり、彼女たちは海と陸との境界線にあって〈海の幸〉を日々の糧としながら海と接する陸に住み続けている。

では、海女がどのように描かれるかに、このドラマの人間像が基本的に示されよう。この問いへの答えは海女にとって一つのきわめて単純な、しかし根源的な問いへの答えのうちに次のように示される。

その問いとは、なぜ海に潜るのかという問いである。このドラマのヒロイン・アキは、この問いを祖母夏に投げかける。孫からのこの問いに夏は答える、「面白い」からだ、と。

袖が浜・防波堤

黙って海を見つめるアキ、思い詰めたような表情。

［…］

アキ「ねえ、お婆ちゃんは、なんで潜るの？」

夏「あ？　なんだ？（笑）哲学が……なんでって、おもしぇ（面白い）からだべなあ」

（第1週第3回、シナリオ1：39-40）

ここに一つの態度が示されている。すなわち、それは何らかの根拠を示すことによって当の問いに答えるような態度ではない。そうではなくて、当の人間にとってそのことが「面白い」からだ、と答える態度である。何かが「面白い」ということに何らかの根拠があるのかどうかを示すのは難しいことであろう。もし何らかの根拠があるとすれば、その何かについて、それが「面白い」と言う当の人間、つまり〈自分〉である。ここでの「面白い」何かは、その〈自分〉にとって「面白い」のであって、そのように言うこと以外に何らかの特別な言い方があるわけではない。

では、なぜここでの行為の根拠をそれが「面白い」ということに求めるのか、そのことに答えるのは難しい。しかし、いわば周辺的な事情についてはそれなりに示されなければならないであろう。

まず、アキにはそれまで東京ではおそらく「面白い」と感じられることが何もなかったという事情が考えられる。アキは、そもそも自分にとって何が「面白い」ことなのかということについて、まったくそれらしい経験をしたことがなかったのではないだろうか。何かが「面白い」と言うとき、その人間は自分が自分であることができているであろう。というのは、そのとき人間は「面白い」ものについて、それが自分とは疎遠なものではなくて、自分と一体化していると感じていると思われるからである。そこには、自分探しで探している目標になる当の自分が存在していると言えよう。

では夏にとってはどうかと言えば、海に潜ることは自分が自分であることと合致していると言えるであろう。北三陸で遠洋漁業の漁師の妻として生きていくためには海女として海に潜ることはやむを得ないという事情があったにちがいない。しかし、大事なことは、このような事情があったにせよ、そのこと自体が彼女には面白かったということである。そしてそのことは変わることなく、いまも続いている。したがって、夏には孫のアキに答える際にも何の特別の構えもない。その答えは、まさに彼女の思いの正直な吐露であろう。夏は、そのように海に潜ること、そして海女であることに自分の居場所を見出しているのである。それはアキの表現からすれば「かっけー」ことであろう。そこには、まさに自分の仕事についてひとりの人間の取る態度としてこの上なく単純で明快な態度がある。

アキについて言えば、このドラマは「アイドル」のドラマと言えなくもないのだが、彼女には元々アイドル志向がない。これはアイドルになりたかったけれども、しかしアイドルになることができなかった母親春子の影響によるのかもしれない。アキは、ドラマの開始時２００８年夏休みに北三陸を訪れたとき16歳の高校2年生であった。それまで東京で過ごしてきたということは、一般的に言えばアイドルをめぐっての情報に接しやすい条件のもとにいたと言えなくもない。そうであるとすれば、同年代のユイがそうであるように同じくアキにもアイドル志向があってもおかしくはない。しかし、アキにはそのような志向はない。東京にいること自体が彼女にとっては面白いこと、あるいは楽しいことではない。アキは、東京では一つの方向にしたがうように仕向けられると息苦しさを感じているようである。しかし、逆説的だが、東京での生活がアキに与えたことがある。それは、アキが何ものでもありえないということ、したがって彼女がまさに「空」を体現するような仕方で存在しているということである。それゆえにこそ、アキはいささか消極的ではあったが、すべてのものを受け容れることのできるような自由で開かれた態度をとることになったのである。アキにとってはじめてそのような態度に一つの具体的な形が与えられたのは、北三陸で海女である祖母夏と出会ったことによる。

アキにとっては東京が元々の「地元」であるが、そこでは自分の居場所を見つけることができなかった。その可能性のある場所としてアキの目の前に現れたのが北三陸である。彼女は、北三陸で自分であるということをめぐって二つの経験をする。

第一に海女であることと自分であることとが合致する経験、第二にユイとのお座敷列車での『潮騒のメモリーズ』活動（第9週第52‐53回、シナリオ1：463-469参照）でアイドルであることと自分であることとが合致する経験である。

これらによって自分が自分であるということについて、そのために何が必要かということの輪郭が少し分かりかけてきたであろう。（潜水士になるために転科し資格試験に合格するが、この経験は種市との関係の影で背景に退いたようである。「なして潜水士になるべって思ったんだ？」という種市の問いに、「種市先輩と、少しでも一緒にいたかったから、とは恥ずかしくて、とても言えない…アキでした」（第8週第46回、シナリオ1：412後掲参照）

○第一の経験：海女であること

海に潜ることに関わるのは、アキにとって夏によって海に突き落とされることから始まる。夏は突然アキの背中を押す（突き落とす）。そのことによってアキは「考える」ひまもなく、自分が息のできるように誰の手も借りずに自分から反応しなければならない状況におかれる。

袖が浜・防波堤

［…］

アキ「潜ってる時は、海ん中で、なに考えてるの？」

夏「なんも考えでねえ、他のごど考えでだら、潮に流されつまうべ」

アキ「……ふ〜ん、怖いね」

夏「食うために、ただひたすら潜って獲るだげだ、そのうちによ、ウニがお金に見えで来てよ（笑）ああ、こんなにお金が落ちでる、拾わねば、他の誰かに拾われでなるものがっ！ってな」

アキ「（笑）」

夏「潜りでえが」

アキ「え？」

夏「潜ってみっか、一緒に」

アキ「……ムリムリムリ」

夏　「なすて、おもしぇど」
アキ「冷たいんでしょ？　泳ぐの苦手だし……息つぎが出来ないの、素潜りもダメ」
夏　「自分で獲ったウニ、食ってみだぐねえが？」
アキ「……（頷く）」

漁港付近の道

トランクを引いて歩いて来た春子、防波堤に夏とアキを発見する。
春子「……アキ」

袖が浜・防波堤

アキ「でも、足つかないし、溺れたらみんなに迷惑かかるし」
夏　「……」
アキ「ねえお婆ちゃん、海の中、キレイ？」
と言い終わらぬうちに夏がアキの背中をドンと押す。
アキ「!!」
春子の見た目。（ダブルアクション）
遠くで夏がアキを海にドンと突き落とす。
春子「アキ!!」

トランクを倒し、走る春子。
バランスを崩し、アキの体が宙に浮かぶ。
（スロー、あるいはストップモーション）
夏　N「『何すんだ、このババぁ』アキは空中でそう思いました」
（スロー解除）
ドボンっと飛沫をあげて海へ落ちるアキ。
（第1週第3回、シナリオ1：39-41）

海に潜ることは、アキにとっては初めてであったのであろう。そこで夏は夏が高齢であるにもかかわらず現役であり続ける海女として当然のことをアキに教える。それは、まず身をもって海というものと、したがって海の危険とどのように向き合うべきなのかということである。

水中
勢い良く沈むアキ。
アキ「……」
見上げると水面ははるか頭上。動揺し、もがくように手足を動かすアキ。
アキ「……」

袖が浜・防波堤

海面に顔を出すアキ。激しい呼吸。

浮き輪が投げ込まれる。アキ、必死にしがみつく。

見上げると夏が、防波堤からアキを見下ろしている。

夏　「へへへへ、どうだ?」

アキ「はぁっ……はぁっ……え?」

夏　「しゃっこいどが、足がつぐどが、つかねえどが、考える暇ぁねがったべ」

アキ「はぁっ……はぁっ……（頷く）」

夏　「そんなもんさ、飛び込む前《めえ》にあれこれ考えだってや、どうせその通りになんね。だったら、なんも考えず飛び込め。何とかなるもんだびゃ。死にだぐねえがらな、あっははは……（笑）」

アキ「（つられて笑い）気持ちいい」

夏　「そうが」

アキ「うん、めちゃめちゃ気持ちいい!」

夏　「んだやっぱすオラの孫だ（笑）ん?」

背後に気配を感じる夏。春子が鬼の形相で立っている。

春子「アキに変なこと教えないで!」

アキ「……ママ」

春子「あんたも、ママの嫌いなものばっかり好きにならないで!」

（第1週第4回、シナリオ1：42-43）

こうして、アキは海というものと向き合う自分自身の態度の取り方によって、海に潜るということばかりではなくて、そもそも掛け値なしの自分の存在そのものとおそらくはじめて向き合うことになったのであろう。母春子とのずれもはっきり出てきたわけである。アキの場合、東京ではこのようなことは起こりえなかった。このことによって東京ではない場所としての北三陸において不可避的な仕方で、自分が自分であることと向き合うことになる。アキは、こうしてはじめて自分を見出したのではないだろうか。

袖が浜・防波堤

夏　N「アキは自分で、自分の殻を壊そうとしていました。誰かに背中を押されるのではなく自分で……だけど、それは容易なことではありません」

　海を見つめて、一歩踏み出すアキ。

　しかし、すぐに思い直し一歩後退。

アキ「いやいやいやいや……服濡れちゃうし、パンツも」

　そして、再び一歩踏み出すが、怖くて3歩ほど下がる。

アキ「……」

　春子の言葉が脳裏をかすめる。

春子の声「あなたのせいでアキは、地味で暗くて向上心も協調性も存在感も個性も華も無いパッとしない子になっちゃったんでしょ!?」

アキ「……違う……違うもんっ!」

アキ、海に向かって走り出し、遠くへジャンプする。

（第1週第5回、シナリオ1：58-59）

袖が浜・防波堤

海に向かってダッシュするアキ。

アキ「あっ!」

そのまま、勢い良く海に落ちるアキ。

水中

ドボン!　と深く沈むアキの体。

視界が霞んで行き、やがてアキの記憶の断片が走馬灯のように甦る。

アキ「……」

［…（スクランブル交差点・満員電車の中・学校の教室で自分が自分であることができないアキ）］

水面

アキ「ぶはあっ！」

水面に顔を出すアキ。周囲を見て安堵する。

アキ「……はぁ……はぁ……はぁ（笑いがこみ上げ）あはははは……」

「…」

袖が浜・防波堤

夏を先頭に防波堤の突端に向かって走る大人達。すでに居合わせた釣り客や漁師などがいる。

春子、身を乗り出し海を覗き込み。

海の中、気持ちよさそうに泳いでいるアキ。

春子「……」

アキ「ママ、気持ちいい、めっちゃ気持ちいいよ！」

と頭から海へ、深く潜るアキ。

夏「……アキ、おめえ」

別のところから顔を出すアキ。

アキ「ねえ、お婆ちゃん、私、海女さんやりたい！」

夏「あ？」

アキ「海女さん、やってもいい？」

大吉「……アキちゃん」
夏「……（笑）おっ母さ聞いてみろ」
アキ「ねえママ！　私、海女さんになりたい！」
春子「……」
夏N「この日を境にアキはすっかり生まれ変わりました……地味で暗くてパッとしない自分を、海の底に置いて来たのです」
（第1週第6回、シナリオ1：60-62）

まず、アキの場合のように海女の素潜りに自分を見出そうとするとき、人間と自然（海）との関係について捉えることが前提される。では、この関係はどのような在り方をしているのだろうか。この関係の在り方について、アキに教えるのは祖父忠兵衛である。
アキは東京にいるはずの春子とアキとが北三陸にいるわけについて、久しぶりに日本に戻ってきた祖父忠兵衛に説明する。

天野家・作業小屋（夜）
釣り竿の手入れなどしながらアキの話を聞く忠兵衛。
［…］
アキ「［…］そんなわけで、東京が、北三陸が悩んだ末、夏がらずっと居座ってる状態なんです」

忠兵衛「へー、そうかい」
アキ「ごめんね、説明がヘダで」
忠兵衛「うん、まあ…半分も分がんねがったが、ここが好ぎなのは良ぐ分がった」
アキ「好ぎだ、東京よりぜんぜん好ぎだ、海も人も電車もウニもまめぶも、全部大好ぎだ」
忠兵衛「オラも好ぎだ」
アキ「だったらなんで船さ乗るの？　なんで年に10日しか帰って来ねえの？」
忠兵衛「なしてだべなあ」
アキ「…生ぎていぐため？」
忠兵衛「…それもある。海が好きなのもある。だが…あえて言うなら、ここがいい所だっていうのを、確認するためだな」
アキ「??」
忠兵衛「ほれ、夏さんは、北三陸から一歩も出だ事ねえべ、んだがらオラが代わりに世界中を旅して回ってよ、いろんな国の、いろんな町をこの目で見で回ってよ、んでも、やっぱここが一番いいぞって教えでやってんだ」
アキ「…東京よりも？」
忠兵衛「北三陸も東京も、オラに言わせれば日本だ」
アキ「……かっけえー」
忠兵衛「うん？（と顔を上げる）」

アキ「（笑）」
夏Ｎ「人とは違う時間が、お爺ちゃんの中には流れている。世界を旅する男は、スケールが違うんだ。アキはすっかりお爺ちゃんに夢中になりました」
（第6週第32回、シナリオ1：294-295）

ここに空間的にグローバルな視野のもとで、このドラマが進められる。忠兵衛に言わせれば、このような空間の中では北三陸と東京とはともに「日本」というわけだが、さらに彼はこの「日本」という枠組みを超えて世界中繋がっている「海」から見て自分を「人類」として捉える視点について語る。
（これに対応する時間的に悠久の視野を提示するのは、琥珀掘りの勉さんである。後述参照）

北三陸駅・駅舎
ベンチで休んでいる忠兵衛、傍にアキとユイ。
［…］
アキ「ねえ爺ちゃん、遠洋漁業って面白え？」
忠兵衛「ああ？　なんだ、いぎなり」
アキ「だって、ずっと船の上なんでしょ？　退屈しねえの？」
忠兵衛「するさぁそりゃ、ものすげえストレスだ。男ばっかり四六時中顔突き合わせでよ、飯も毎日ほぼ一緒、狭いベッドさ横になっても疲れ取れねえ」

ユ　イ「あたしムリ、絶対」
忠兵衛「俺もムリだ（笑）」
ア　キ「じゃあ、なして行ぐの？」
忠兵衛「余計なごど考えなくて済むがらな」
ア　キ「余計なこと？」
忠兵衛「陸さ居る限りオラぁ日本人だ、日本の常識で計られるべ。んでも海は世界中繋がってるべ。中国の鳥だがらって中国語喋るわげじゃね、アメリカのマグロも英語喋んね。だがらオラも日本語喋んね、マグロは魚類、カモメは鳥類、おらぁ人類だ」
ア　キ「…かっけー」
忠兵衛「なに？」
ユ　イ「かっこいいって言ったんです」
忠兵衛「ほらな、もう日本語も分がんね（笑）もう、どごで死んでも一緒だべ」
ア　キ「死んじゃダメだよ」
忠兵衛「アキは北三陸が好ぎが」
ア　キ「んだ、おらここが一番好ぎだ」
忠兵衛「そうが、アキがそごまで言うんだら帰って来るべぇ」
（第7週第42回、シナリオ1：376-377）

○第二の経験：アイドルであること

この人間と自然との関係のもとで、人間たちの関係が作られる。このドラマでは戦後日本の状況で（忠兵衛・夏の世代の人生はほぼ戦後に対応している）二つの地域、つまり「田舎」（北三陸）―「都会」（東京）の対比がなされる。

その対比はユイの思いに端的に表われている。アキとは異なって、ユイはアイドル志向をもっている。このことは、ユイの東京志向と重なっている。ユイの場合、これら二つの志向は渾然一体となっている。ふたりの会話は、それぞれの思いの相違を示している。「東京」出身のアキが能天気な態度であるのに比べ、ユイは「田舎者」としての本音を語り、ついには自分の秘密の「夢」を吐露する。

袖が浜の駅（夕）

ベンチに座って、海を見ているアキとユイ。

アキ「なんでそんなに東京にこだわるの？」

［…］

ユイ「え？」

アキ「あ、ごめん……私もお兄さんと一緒で、東京から逃げて来た負け犬だから。でもね、わざわざ東京行かなくてもネット使えば欲しいもの大抵買えるし、もう、東京も田舎も変わんないって感じするけど……」

ユイ「……」

アキ「むしろ自然とか、海とか、美味しい食べ物とか、都会にはないもの、いっぱいあるし……」
ユイ「今日訛ってないね」
アキ「あ……そうだね（笑）最近、浜に出てないから戻っちゃったのかも」
ユイ「そっちの方がいいよ。アキちゃんが訛ってるのなんてウソだし、不自然だし、なんか……バカにされてる気がする」
アキ「……そんな、そんなつもりじゃ」
ユイ「……ごめん怒った？（笑）今のは言い過ぎ。だけど半分は本心。ネット使えば欲しいもの買えるとか、田舎も東京も変わらないとか、私は言えない、そんなの、田舎者の負け惜しみだもん」
アキ「……」
ユイ「自然がいいとか海がキレイとか、東京から来た人が言うのは分かる。でも私は言えない、だったら私は都会が好き。ビルが好き。地下鉄が好き。ネットカフェが好き……行った事ないけど。だから行きたい。この目で見たい。地方出身者でも、同い年の子とか、年下の子とか、ぜんぜん頑張ってるし。チャンスがあれば明日にでも出て行きたいよ。」
アキ「……ユイちゃん」
ユイ「私はお兄ちゃんとは違うの、行ったら絶対帰って来ないんだ。夢があるから」
アキ「え？」
ユイ、暗闇に向かって延びる線路をじっと見つめている。
ユイ「言っちゃおうかな」

アキ「え？」
ユイ「誰にも言わないでね」
アキ「うん」
ユイ「私、アイドルになるの」
アキ「……」
ユイ「東京行って、アイドルになるの」
アキ「……（唖然）」
夏Ｎ「……なに言ってんだ、この子は。開いた口が塞がらないとはこの事です。バカなのか？　毎日あんな分厚いステーキばっか食べてるから、どうかしちゃったのかしら。とりあえずアキは、聞こえてないフリを装いました」
ユイ、暗闇（トンネル）に向かって大声で叫ぶ。
ユイ「アイドルになりたあい！」
アキ「!?」
夏Ｎ「聞こえない作戦、失敗です」
アキ「あ、あ、いどる？」
ユイ「うん、東京行ってアイドルになるの」
（第３週第17回、シナリオ１：158-160）

アキもアイドルになりたいと思う。なぜならば、アキにはお座敷列車での乗客の笑顔が忘れられなかったからである。はじめは引きこもっていたユイを元気づけるためだったのだが、それだけではなくて自分も歌が好きだと自覚したのである。

海女カフェ（テレビ画面とカットバック）

リポーターがカメラに向かって、

リポ「さあ、お待たせしました！　北三陸の、いや、岩手県が誇る伝説のアイドルユニット、潮騒のメモリーズ、奇跡の復活です」

狂喜乱舞する男性客。ヒビキが「静かに！」「押すなよ！」「話聞けよ！」と仕切ろうとするが、一番うるさい。

リポ「今日は海女クラブの皆さんをバックダンサーに従えてのスペシャルバージョンでお送りします！」

照明暗くなり、サイリウムやペンライトが客席で光る。

スポットライトに浮かび上がるユイ。

ユイ「来てよ　その火を　飛び越えて
砂に書いた　アイ　ミス　ユー」

客「うおおおおおおおお！」

いつの間にか、ヒビキを中心にオリジナルのコール（応援）が出来ている。

ヒビキ
「Y！　U！　I！　ラブ！　Y！　U！　I！　ラブ！
不思議の国の北リアス
ユイの可愛さ　じぇじぇじぇじぇじぇ〰〰！」

客
［…］

同・内

［…歌『潮騒のメモリー』］

ヒビキ
ウニ！　海女！　ユイ！　ラブ！

客
まめぶ！　やませ！　ユイ！　ラブ！
アキもそこそこ　じぇじぇじぇじぇじぇ〰〰！」

アキ「じぇ!!」

ユイ「ありがとう、皆さん、本当にありがとう！」

アキ「……」

（第11週第64回、シナリオ1：562-563）

このシーンの後、アキのアイドル活動を認めない春子とのひと騒動になる。アキは、アイドルになりたいということをめぐっての考えについて春子から説明を迫られる。アキとしては自分が自分であることをアイドルになることに求めるのである。

天野家・居間

アキ「オラも…歌うの…好ぎだがら」
ユイ「[…]」
ユイ「アキちゃん…」
アキ「歌ってわーわー言われんの、気持ぢいいがら」
春子「……」
アキ「最初は…ただ海女の恰好して電車さ乗って弁当売ってだ頃は、何が面白ぇのが分がんねがった…何もしてねえのに写真ばしゃばしゃ撮られで。だげど、お座敷列車でユイちゃんど歌って…とにかぐ楽しがった」

×　×　×

お座敷列車の点描。（回想）
アキとユイ『潮騒のメモリー』を歌う。
嬉しそうな乗客の笑顔。

アキOFF「あん時の、お客さんの笑顔や声援が忘れられねぇくて、ありがどう、ありがどうって…」

×　×　×

アキ「来た時より、確実に元気になって帰って行くお客さんの顔が忘れられねくて…それはでも、海女やってる時がら感じでだ事だ。潜って、ウニ獲って、ウニ剥いで、お客さんに喜んでもらって」

×　×　×

素潜り実演の点描。（回想・2008年夏）

観光客で賑わっている袖が浜。海女たちに混じって接客しているアキ。

×　×　×

漁協。（回想・2008年夏）

夏「ウニは銭、海女はサービス業、わがったな」

×　×　×

アキ「んだ！　サービス業だ！　海女も、アイドルも、一生懸命サービスして、お客さんに喜んでもらうのは一緒だって、オラぁ気づいだんだ！」

春子「…で？」

アキ「で？」

春子「さっき言ってたでしょ、自分なりの考えがあってチャラチャラしてたんだって、なに？　どういう考え？」

アキ「オラぁアイドルになりでえ！」

一同「……」

アキ「アイドルになりでえ！　歌って踊って潜ってウニ獲って上がって食わせる、そんなアイドルになりでえ！」

（第11週第65回、シナリオ1：565-567）

アキの思いは、海女たちに伝わり、彼女たちを変える。海女たちは夏を説得する側にまわる。そのようにアキとの関係を通じて、海女たちは、それぞれ自分が自分であることをめぐって、自分の原点を自覚する。つまり、彼女たちは、自分が自分であるために、現在の自分の在り方を反省するのである。

海女カフェ

［…］

アキ「海女は好きだげど、今じゃなくても出来るべ」
一同「……」
アキ「だげんど、ユイちゃんど東京さ行って、アイドルさ…なれるかどうが分がんねえげど、それは、今しか出来ねえべ」
美寿々「…なれねがったら、どうする？」
アキ「そん時は、潔く帰って来るべ」
かつ枝「帰って来て、まだ潜るのが？」
アキ「当たり前だ、オラぁ海女だもん」
一同「……」

アキ「ただし、町のためどが、誰がのためでねえ、オラが潜りでえがら潜るんだ」
夏「……」
アキ「爺ちゃんが言ってだ。ここが世界で一番いいどごろだって、夏ばっぱに教えるために、長ぐ航海してるって。それど一緒だ。ここが一番いいぞって、みんなさ教えるために、オラぁ東京さ行ぐ、行ぎでえんだ」

×　×　×

フラッシュ（回想）天野家・作業小屋。
忠兵衛「東京も北三陸も、オラに言わせりゃ日本だ」

×　×　×

美寿々「確かにその通りだ…さすが忠兵衛さん、カッコいいな」
かつ枝、おもむろに立ち上がり。
かつ枝「行がせでやっぺ！」
美寿々「…え？」
かつ枝「行げアキ、ごごはオラ達に任せで、東京で頑張れ」
アキ「…かつ枝さん」
かつ枝「誰のためでもなぐ、潜りでえ時に潜る。そんな当たり前のごどを、まさがお前がら教わるどは思わねがった」
弥生「んだな、朝早えのも、水がしゃっこいのも、家族のためどが、町のためどが、自分さ言い聞がせで乗り越えできたが…でも、そんなのはウソだべ、好きだがら潜る、それが根本だべ、なあ、夏ばっぱ、んだべ」

夏　「……」

美寿々「若え頃は潜るのが面白ぇくて、それだけで充分だったもんね、アキちゃんも、潜りでえ時に潜ればいい」

アキ「…いいのが？　せっかくの稼ぎ時に」

花巻「んだんだ、せめで9月の本気獲りまで」

かつ枝「ダメだ、今すぐ行げ」

花巻「ここの改装費、まだローン残ってっぺ」

かつ枝「じぇ…（言葉に詰まるが）じぇ、銭など、何とがなる！」

弥生「んだんだ、ウニは銭だ、海ん中さゴロゴロ落ぢてる」

美寿々「アキちゃんは東京さ行げ、ここが日本で一番いいどごだって、宣伝して来い」

アキ「でも…オラがいねぐなったら、観光客が」

かつ枝「のぼせんなコノ！　お前ひとり欠げだぐれえで、40年続いた海女クラブが廃れでたまるが」

弥生「んだんだ、アキだげが海女じゃねえ、後継者なら他にも居だべ、なんなら花巻ちゃんどごの娘ッ子も、なあ！」

花巻の娘、鈴と琴。

鈴「オラもアキちゃんみでえに潜ってウニ獲りでえ」

琴　「オラぁミス北鉄だ！」

一同、ゲラゲラ笑う。

かつ枝「どうだべ夏ばっぱ、アキの好ぎなようにさせでやってもらえねえべが」

夏　「……」

弥　生「オラがらも頼む、行がせでやってけろ」

夏、深く頷いて。

夏　「…んん。お前らの気持ちは良ぐ分がった、アキ、おめえ、東京さ行げ」

アキ「…ばっぱ」

夏　「町の大人達はオラが説得する」

（第12週第68回、シナリオ1：595-596）

夏を先頭に海女たちは町の大人達を説得する。夏の言葉は、大人達の自分が自分であると思い込んでいることを根底から覆す。

観光協会

アキに続いて海女軍団が、絣半纏の正装でゾロゾロ乗り込んで来る。

［…］

それぞれの言い分が一気に噴出する。

大　吉「んだんだ、せめで9月いっぱいは頑張ってもらわねえば」
功　「いやいや、卒業してからの話だよ」
春　子「アキはだめよ、芸能界なんか行かせない！」
菅　原「んだんだ、岩手のローカル局で充分だ」
長　内「夏場は毎年潜って客集めでもらわねえば」
夏、ホワイトボードを倒す。（あるいはパイプ椅子）
夏　「あーやがますっ！　どいづもこいづも、自分のごどすか考えでねえ。オメエら今までさんざんこの2人にうめえ汁吸わせでもらったんだ、もう充分だべ。充分元気にしてもらったべ。これ以上元気になったら、欲が出るべ。こごらで2人に恩返しするのが筋でねえのが？　若え2人の未来を、欲の皮の突っ張った大人が犠牲にしちゃなんねえ」
（第12週第69回、シナリオⅠ：598-601）

○夏と春子

このアイドルになることをめぐって春子は夏がアキのことを認めたのに、自分のときには口先だけに止まったことを非難する。夏と春子との間にはわだかまりがあった。春子は自分が自分であることを認めてもらえなかったのである。夏はそのことを後悔しており、娘に謝ることになる。

アキの母親春子にとっては、自分の母親夏の海に潜ることへの思いを共有することができなかった。というのは、春子にとってはアイドルになることの方が海に潜ることよりも大事なことであったからである。つまり、春子にはアイドルになることは自分が自分であることであり、そのことと海に潜ることとは合致しなかったのである。春子は、町おこしのために海女になることを町の人々から強く期待された。この期待に対して母親夏が娘の思いを最後は分かってくれたはずであるにもかかわらず、町の人々に伝えてくれなかったことに彼女は絶望した。そこで春子は、自分で自分の目標を実現する他はないと非常手段をとることを決意して、北三陸の家を出て東京へ向かった。彼女は、自分の居場所をアイドルになることに求めたのである。それは、町おこしに希望を与えるという北三陸鉄道開通の1984年のことであった。そこには自分が自分であるためにどのように生きるのかをめぐって春子自身に与えられた条件、いかにもその時代の特徴が現われている。夏の後悔は、このことに結びついている。このときは、夏も自分が自分であることができなかったのである。

天野家・居間（夜）

お茶を2人ぶん入れる夏。黙って見ている春子。

夏　「…なんだって？」
春子「アキが、東京行くって言って聞かないの」
夏　「…んん」
春子「アイドルになるんだって」
夏　「…んん」
春子「どうしたらいいと思う？」

夏　「行がせでやっだらいいべ」
春子「…なんで?」
夏　「本人が行ぎでえって言ってるがらだ」
春子「私も行きたかったけど」
夏　「……」
春子「私も同じように、夢があって、東京行きたくて、オーディション受けたいって、相談したじゃん」
夏　「いづの話してんだ?」
「…」
同。(回想・25年前)
「…」
夏　「…本気なんだな、春子」
春子「…(頷く)」
夏　「…わがった、ほんなら行ってよし」
春子「ほ、ほんと!?」
夏　「ああ、組合長はオラがちゃんと説得してやる」

×　×　×

春子「嬉しかったんだよ、すごい《ママ》。味方してくれるなんて、思いもしなかったし」

夏　　「……んん」

春　子「でも…口だけだった、夏さん、言ったそばから裏切ったよね」

×　×　×

同。（回想・25年前）

かつ枝、弥生、長内と市長、玄関先に立っている。

長　内「こちら、北三陸市の市長さん、知ってるべ？」

市　長「明日、北三陸鉄道が開通すれば、観光客も増える、東京がらも人が来る」

春　子「…東京」

市　長「んだ、北鉄は東京さ繋がってんだ」

弥　生「お前しか、いねんだ、春子」

かつ枝「んだ、袖が浜の未来のためだ、頼む、潜ってけろ」

弥生から真新しい絣半纏と袴、手ぬぐいなど一式を手渡される。

春　子「……」

夏　　「後はオラが話して聞がせっから、悪いようにはしねえがら。２人で話させでけろ」

春子OFF「そう言って、市長や組合長を帰した」

×　×　×

春　子「あ〜あ、やっぱりそうか。この町にいる限り、私は夏さんの娘なんだ。誰もひとりの人間として見てくれない。私の気持ちとか、夢とか、大人達にとってはどうでもいいんだ」

× × ×

夏　同。（回想・25年前）

夏「…さ、明日も早えし、寝るべ」

奥の間へ行き、布団を被って寝てしまう夏。

春子「母ちゃん、ねえ母ちゃん。私…やっぱり海女やりだぐねえ」

夏「ZZZZZZ…」

春子「東京さ行ぎでえ…」

春子OFF「夏さん、もう話も聞いてくれなかったよね。引き止めてもくれない、寝たフリして、完全にシャッター降ろしちゃったよね…」

「…」

天野家・居間（回想戻り）（夜）

春子「そんな冷たい夏さんがさあ、なんでアキには甘いの？」

夏「……」

春子「孫だから？　娘のことは突き放したのに孫のことは守るんだ」

夏「……」

春子「ねえ！　答えてくれないと、私もアキに何て言っていいか分かんないよ」

夏「…なすてだべな」

春子「……」

夏「やっぱり、あん時のごどが、引っかがってんだべな」

春子「…え？」

夏「母親どすて、娘の将来も考えねばなんね、同時に海女クラブの会長どすて、地域の活性化に貢献すねばなんね。北鉄が開通して、あの頃ぁみんなが前を向いでだもんで。…地元のために娘を犠牲にしてしまったごと、今、やっぱり後悔してんだべな」

春子「ちょっと…やめてよ…え？」

夏「あの晩、おめは本気で訴えかげで来た。だがらオラも本気で応えるべぎだった。大事な娘を、欲の皮の突っ張った大人の犠牲にしたぐねえ！　って市長さんや組合長さ啖呵切るべきだった。今なら言えるが、あの頃は…体面を気にして言えねがった。その事をずっとずっと悔やんでだがら…おめぇの顔見るのも辛がった」

春子「……」

夏「すまねがったな、春子」

春子「……」

夏「25年かがったが、この通りだ、許してけろ（頭下げる）」

春子「…お母さん」

夏「……」

春子「顔上げてよ、お母さん」

夏、顔を上げて嘆息し、

夏　「…スッとした、やっと言えだべ」

春子「…私もスッとした」

夏　「そうかい」

春子「そっか、謝って欲しかったのか私（笑）よくわかったね」

夏　「まあな（笑）オラも、まさか謝るどは思わねがった」

春子「……」

夏　「腹減ったな、うどんでも食うが？」

と台所へ立つ夏。

春子「…母さん、やっぱりカッコいいよ」

夏　「…んん？」

春子「なんでもねぇ」

台所に立つ2人。

（第12週第71回、シナリオ1：614-617）

こうして、母娘それぞれ自分が自分であることをめぐって抱き続けてきたわだかまりが、25年間の時間の流れを越えて、やっと溶けたわけである。自分が自分であるためには、一度は自分を否定しなければならないようである。

○ユイの葛藤

ユイの方は父親が病に倒れ、そのことで母親が失踪して、自分を見失って高校も辞めアイドルになる夢も冷めてしまう。そしてアイドルは「ダサい」という。そこでアキと言い争いになってしまうのである。

海女カフェ・店内（夜）

［…］

ユ　イ「もうアイドルとか、どうでもいい、関わりたくない」

［…］

ユ　イ「諦めたんじゃなくて、冷めたの完全に、だってダサいじゃん」

ア　キ「…ダサい？」

ユ　イ「ダサいよあんなの。オタク相手に生足出して媚び売って真ん中に立って、それがなんなの!?

［…］

［…］

ユ　イ「今となっては、あんなものに夢中になってた自分が恥ずかしいっていうか、もう汚点だよね。だから高校も辞めたしテレビにも出てない。昔の自分を知ってる人に会うのが本当にイヤ、ミス北鉄とか、ほんと無理、勘弁してほしい」

アキ「…そりゃねえべ」
ユイ「だから、せいぜい頑張ってよ、応援してますんで」
アキ「…そりゃねえべよ、ユイちゃん、あんまりだ！」
ユイ「……」
アキ「ずっと待ってだんだぞ、ユイちゃんのこと、必ず行ぐって、すぐ行ぐって言うから、待ってだんだぞ！」
「…」
アキ「それなのに何だよ、やめだって？　冷めだって？　そんならオラの4ヶ月間はなんだったたんだよ、オラぁ何のために東京で、奈落で、風呂もねえ合宿所で…」
ユイ「（吐き捨てる）知らねえし」
アキ「ダサい？　そんなの知ってるよ。やる前がらダサいど思ってだ、ユイちゃんが、アイドルになるって言い出した時がら」
「…」
アキ「本気なんだなって思うべ、3回も言われだら」
ユイ「私のせいだって言いたいの？」
アキ「違う」
ユイ「じゃあ何!?　アキちゃんは何でやってたの？」
アキ「楽しいがらに決まってるべ！」

ユ　イ「……」
ア　キ「ダサいけど楽しいがら、ユイちゃんと一緒だと楽しいがらやってだんだよ、ダサいぐらいなんだよ、我慢しろよ！　昨日今日じゃねえべ、去年も一昨年もオラ達ぁダサがったべ！」

×　×　×

フラッシュ（回想）お座敷列車。

アキOFF「でもダサいがどうがも気にならねえぐらい、楽しかったべ、だがら一緒に東京さ行ぐべって、約束したんだべ」

（第16週第91回、シナリオ2：167-170）

○アキの目標

東京へ行くことは、ユイにとって自分が自分であるために不可欠だったはずである。しかし、そのための試練は過酷であり、結局ユイは東京に行くことができなかった。これに対してアキは東京に行くことにはもともと東京にいたときの記憶から消極的であり、またアイドルになることについてそれは「ダサい」ものであるとして懐疑的である。しかし、アキは「ダサいけど楽しい」と言うことで「ダサい」ことを乗り越える。そのためにはあくまでユイと一緒に行くということが条件であった。アキには「楽しい」のかどうかを自分の行為についての判断の根拠とすることが許されていたことになる。この態度は、なぜ海に潜るのかというアキの問いに対して「面白いからだ」と祖母夏が答える態度と似ている。

アキは、積極的に自分のためにというよりも、ユイついていく形で東京へ行くことにした（春子N「元々ユイちゃんに誘われて芸能界を目指した彼女に、野心はなかった」第23週第135回、シナリオ2：526）。それでは消極的な姿勢であると言わざるを得ない。ただし、東京で待たれていたのはユイの方であり、アキは東京での自分の位置を厳しく思い知らされる。

アキは春子の手紙で鈴鹿ひろ美の影武者であった母親の歴史を知り、自分の誕生の経緯を知る。そして春子の姿から、自分の目標をより明確に立てることができるようになる。

アキにとって自分自身がどのような経緯で誕生したのかが重要である。そこには父親正宗と母親春子との出会いがあった。春子が正宗のタクシーに3度も乗ったのだが、そこに正宗は「運命」を感じる（第17週第97回、シナリオ2：219参照）。

純喫茶『アイドル』

向かい合って座る春子と正宗。

正　宗「…もう3年も前ですか。ずっと一人で、秘密を抱えていたんですね」

春　子「誰にも打ち明けられなくて…喋ったら楽になりました」

甲　斐「……」

春　子「もう思い残すことないです、帰ります」

正　宗「え？」

春　子「上野まで送って下さい、ここは私が（伝票に手を伸ばす）」

正宗「ずっと応援してたんです、あなたを」
春子「え？」
正宗「あの時、まだ鈴鹿ひろ美もデビュー前だったでしょう。だから僕、先にあなたのファンになったんです。ファン第一号なんです、あなたの！」
春子「あ、ありがとう」
正宗、興奮が収まらず一気にまくし立てる。
正宗「でも、あなたは表に出て来ない、絶対出て来れ《ママ》ない。しょうがないからレコード買いましたよ、鈴鹿ひろ美の。『潮騒のメモリー』も『縦笛の天使』も『DON感ガール』も！　あなたが歌ってる、あなたの声だって思いながら、運転しながら聴いた聴いた聴いたあ。リクエスト葉書送りましたよ、あなたの声が聞きたくて。公開収録にも行きましたよ。なんだっけ、あのねのねの番組。豊島公会堂。なんか、そのうち…あなたが好きなんだか鈴鹿ひろ美が好きなんだか…分かんなくなってきて、今じゃ鈴鹿ひろ美の大ファンです！　可愛いですよねえ、会ったことあります？」
春子「…な、ないです」
正宗「ないのかよ…いえいえ、もちろん、春子さんのファンには変わりないわけで、だけど誰にも言えないからさあ！　鈴鹿ひろ美の声やってる人が好きなんて、言えないじゃん！」
甲斐「…警察呼ぼうか？」
正宗「あ、お構いなく、すぐ正気に戻ります。ファン第一号として、ひと言だけ良いですか？　あのね、ここで諦めるなんてもったいないですよ！」

春子「……」

正宗「あなたの声に励まされて、がんばって来たんです。横柄な客に罵られ、酔っ払いに絡まれ、後部座席から蹴られても、あなたの歌を聴いて、彼女も頑張ってるんだからって…俺だけじゃない、タクシー業界あなたのファンでいっぱいだ！」

春子「鈴鹿ひろ美のファンでしょ？」

正宗「歌ってるのはアナタです、日本全国のドライバーが、アナタの歌に癒されて安全運転を心がけるから、事故が減る！　そういう力が、春子さんの歌声にはあるんです。せめてあと5年、僕が個人になるまで」

春子「こじん？」

正宗「はい。10年間、無事故無違反で通せば個タクの資格が取れるんです。会社やノルマから解放され、走りたい時に走る、誰も俺を縛りつける事はできねえっ！（甲斐さんに）もう！　正気に戻ってますんで…へへへ、すいません。ここは僕が」

と、伝票を掴んでレジへ。

正宗「世田谷まで送りますよ」

春子「……」

正宗「行きましょう。歌いましょうよ。東京には、あなたの歌を必要としている人間がいるんです」

春子「ありがとう（笑）」

正宗のマンション・リビング（回想戻り・夜）

正　宗「それから喫茶店の常連になって…。春子さんは歌手にはなれなかったけど、僕のお嫁さんになったんだ」

ア　キ「かっけえ…パパ、かっけえじゃん！」

正　宗「そうか？」

ア　キ「初めでかっけーど思ったよパパの事ぉ！　マジ、リスペクトだよパパ！」

正　宗「そうか!?　よしよし、ビール注いでくれよ」

ア　キ「はいパパ！（と酌をする）」

正　宗「うれしいなあ！　パパ、嬉しいよアキ！」

ア　キ「要するにアレだな、ママを偶然、しかも3回もタクシーで拾ったごどで、パパは一生分の運を使い果たしたんだよ。だがら、そんな感じなんだよ」

正　宗「そんな感じ？」

ア　キ「なんかパッとしないんだよ（笑）もう、人生アガリだよ、いがったなあ」

正　宗「…おやおや？　嬉しくなくなって来たぞ」

ア　キ「でも、なんでだべ」

正　宗「ん？　なにが」

ア　キ「なすてママは、一回上野まで行ったのに、電車さ乗んねえでパパのタクシーで世田谷さ戻ろうどしたんだ?」

正　宗「…ああ、それは、ママに聞いてみないと分かんないよな」

スナック梨明日（夜）

電話が鳴りユイが出て。

カウンター内に春子。客は大吉と勉さん。

ユ　イ「もしもしリアスです…あ、アキちゃん。うん。元気?」

ユ　イ「ちょっと待って、今代わる（春子に）アキちゃんです。手紙読んだって」

大　吉「手紙?」

春　子「いいがら（受話器受け取り）もしもしぃ」

正宗のマンション・リビング（夜）（以下・カットバック）

ア　キ「読んだよ…感想? なんか、ビックリして、とにかくビックリして、パパとご飯食べてる」

春　子「何それ、意味分かんない（笑）」

ア　キ「『じぇ』が10コじゃ足りねえぐれえビックリで、ちょっと、理解するのに時間かがるど思う…んでも、ひとつだけ言わせで」

春　子「どうぞ」

ア　キ「ママ、かっっっっけ――!」

春子「（笑）ありがと」
アキ「こちらこそだ、潮騒のメモリーがママの歌だったなんて」
春子「ママの歌、ではないけどね」
アキ「ママが歌ってんだからママの歌だべ！」
春子「誰にも言っちゃダメだからね」
アキ「…わがってる、でも、納得だ。ママの歌だがら上手ぐ歌えるんだなあ」
春子「パパ元気？」
大吉「!?」
アキ「うん、相変わらず、イラっとくるほど元気だ」
アキ、タンス？　の上に小さな写真立てに入った写真を見つける。
春子「…そう、よろしく伝えてね」
アキ「あのさあ、オラ目標が出来だ」
春子「目標？」
アキ「今までは、ユイちゃんがこっちゃさ来るまで、どが、鈴鹿ひろ美みでえになりでえって思って頑張って来たべ、でも、もうひとつ新しい目標が出来た」
春子「なによ」
アキ「オラ、ママみでえな歌手になりでえ」
春子「だめよ、ママなんか、顔も出せない影武者だよ」

アキ「んだけど、ママの歌声がパパの心さ響いて、それで2人が結婚してオラが生まれだんだもん。ママの歌がねがったら、オラぁこの世さ生まれでねんだど」

キッチンで、洗い物をしながら聞いている正宗。

正宗「……」

アキ「だがらオラも、そういう、人の心さ響く歌っこ歌いでえ。何万枚も売れなくてもいい、その代わり、ちゃんと一人さ届ぐ歌っこ歌ったママみでえな歌手になりでえんだ…ママ、聞いでるがママ?」

春子「ごめん、大吉さんのゴーストバスターズがうるさくて聞こえなかった（とマイクを渡す）」

大吉「いやいや、ええ!? そんなそんな…♪ゴーストバスターズ!」

春子「もう一回言ってよ」

アキ「やんだ（照れ笑い）」

春子「ケチ」

アキ「へへへへへ」

タンスの写真立て、生後間もないアキを抱いた春子と正宗、幸せそうに笑っている。

（第17週第97回、シナリオ2：220-223）

こうしてアキは、自分の存在そのもののいわばルーツを知ることで、自分が自分であることの根拠を捉え、内容的にもその自分の目標を明確にしたと言えよう。（母娘の話を大吉、ユイ、勉さんが聞いているという不思議な状況設定がなされている。そこでは、大吉は正宗のことに微妙に反応したりして、春子にマイクをもたされ、母娘の話の進行につき合わされる。)

○北三陸へのアキの思い

GMTでの経験ではアイドルとしてぎりぎりの線で残ることができそうであった。しかし、春子の意志（アイドルの歌について音声を操作する太巻の方針に反対する。第18週第107回、シナリオ2：297-299参照）にしたがって、GMTを脱退した。結果として『見つけてこわそう』という番組での「逆回転」をヒントにする可能性が生まれた。このことによってアキは、自分が自分であるために必要な手段として「逆回転」という方法を得たわけである。

アキは、鈴鹿ひろ美の付き人になったことから、かつての鈴鹿の主演映画『潮騒のメモリー』のリメイクに鈴鹿との共同主演で出演する機会を得る。この機会は、映画のストーリーの性格上アキが海女として海に潜ることができるということが条件となった。つまり、アキにとっては「海女」としての自分の確認の機会となったわけである。しかし、この映画は封切られたものの3・11で間もなく公開が中断され、アキは自分の居場所が見出せなくなる。アキにとって自分が自分であるためには、そのような場所を得なければならない。それは、北三陸にこそある。アキには被災した北三陸の人々のことが気になってしかたがないのである。

まずマネージャーの水口がアキの気持ちを受け止めようとする。

テレビ局の会議室

雑誌の取材を受けているアキ。後方で見守る水口。

［…］

写真撮影。カメラの前で笑顔を作るアキ。見守る水口。

春子Ｎ「もう思い残す事はない。岩手に帰って、大好きな海に潜ってウニを獲りたい。その気持ちを誰にも打ち明けられず、カメラの前で、健気に笑顔を作っている…」

（第23週第135回、シナリオ2：526-527）

その水口の働きによるＧＭＴ５との合同企画『私らの音楽』で『地元に帰ろう』を歌った（第23週第135回、シナリオ2：531-532参照）後、アキは自分の気持ちをはっきり表わす。

純喫茶『アイドル』

［…］

アキ「ママ、おら岩手さ帰りでえ！　北三陸さ帰りでえ！」

［…］

春子「本気なの？　って…これ何回目だ？」

アキ「4回目、海女になる時と南部もぐりやる時、あとアイドルになる時、で今日」

春子「分かってんだ」

アキ「うん」

春子「じゃあ、ちょっと厳しいこと言ってもいいよね（座り直し）…ほんっと、やりたい放題だよねあんた！」

［…］

アキ「ごめん」

春子「しかもどれも中途半端！　海女も、潜水士も、アイドルだって結局、CD出したけど売れてないし、映画も当たらなかったし」

正宗「それは震災のあれで、自粛ムードで」

春子「そんなの言い訳よ、悪いけど。普通は次のチャンスに向けて踏ん張るの、ここで諦めたらB級アイドル止まりよ」

［…］

春子「結局あまちゃんなのよ、全てにおいて、プロ意識が足りない」

アキ「諦めるわけじゃねんだ。ただ…今はお芝居どが歌どがより気になる事があって、それを気にしながら歌ったり演技したりする事に…い、い、違和感」

春子「違和感（嘲笑）」

正宗「違和感ぐらい言うだろう、今年で20歳なんだから」

アキ「なんか、つがうんでねえの？　って思う」

春子「何が『つがう』のよ」

アキ「……」

春子「何が気になるのよ、言ってみなさい、自分の口で」

アキ「夏ばっぱの事だ」

春子「……」

アキ「それがらユイちゃん、北鉄、海女カフェ、リアス、琥珀…」

春子「分かった」

アキ「みんなのごどが気になる、北三陸のみんなのごどが…」

春子「もう分かった！　…全く、振り回される身にもなってよ」

アキ「…ごめん」

春子「面白いからいいけど…面白くなかったら許さないよ」

（第23週第136回、シナリオ2：533-534）

PART II

第3章　3・11、そして復興へ

3・11において人間は自然の働きによって未曽有の変化としての災害に直面し、この働きの支配のもとで生きているということがあらためて示された。この現実の事態をめぐって、ドラマでは北三陸での被災の状況は直接には描かれない。ジオラマによって被災の状況が示されるのである。（註5）

観光協会
無人のオフィス。ロッカーや机が倒れ、事務用品が散乱している。制作中だったジオラマが破壊され、実際に受けた地震の被害を物語る。

春子N「3月11日、午後2時46分の時点で、運行中だった北三陸鉄道リアス線の車両は2台」
ジオラマ上、高台で停まっている車両の模型。

春子N「1両は海に迫る高台で停まり、もう1両は畑野トンネルの中…」
トンネルの中で停まっている車両の模型。

（第23週第133回、シナリオ2：511-512）

トンネル・中

懐中電灯を手に線路へ降り立つ大吉。
北三陸の方角は暗闇。東京方面に仄かに光が見える。

大　吉「…こっつが近えが」

春子Ｎ「その小さな、弱々しい光を頼りに大吉さんは歩き始めました」
暗闇を歩く大吉。不安になり口ずさむ。

大　吉「…♪ずんずんちゃらら…ちゃっちゃ…ずんずんちゃらら…ゴーストバスターズ！　…ごーすとばすたーず…」

同・出口（夕）

ようやく出口に到着した大吉。外の光景を見て言葉を失い、立ち尽くす。

大　吉「……」
背後から、ついて来たユイ、大吉の背中越しに立つ。

大　吉「見るな！　見ではダメだ…ユイちゃん」

ユ　イ「…ごめん…もう遅い」

春子Ｎ「そこで２人が見た光景は…言葉に出来るものではありませんでした」
夕日を浴びて呆然と立ち尽くす２人の顔。

観光協会のジオラマ

　トンネルを出たところで線路が折れ曲がっている。

春子N「ただひとつ言えるのは…あの時、ブレーキをかけなければ…2人はその光景を見ることすら、叶わなかったということ」

　もう一台の車両が高台に停まっている。

春子N「もう一台も、高台に停車したため、津波の被害を逃れました…」

スチール写真

　高台に残された北鉄の車両、中には達磨の置物、寄書き。

春子N「それは後に『奇跡の車両』と呼ばれ、復興のシンボルになったそうです」

（第23週第133回、シナリオ2：514-515）

北鉄の運転が再開される。それは、まさに集団的実践によって現実の事態を「逆回転」させ、北三陸の人間たちなりの仕方で「空即是色」を具体化する一つの営みである。

路肩（明け方）

　北鉄の軽自動車の中に大吉、吉田、ヒロシ。重い沈黙。

大　吉「…とにかく列車を走らせるぞ」

吉　田「え!?」

大　吉「吉田くん、一刻も早ぐ、列車走らすぞ」

吉　田「んだって線路が…見だでしょう、途中でねじ切れで、あれじゃどうにもなんね」

大　吉「幸い袖が浜までの線路は問題ねえ、安全確認して、再開だ」

吉　田「駅長…」

大　吉「走れるがどうがの問題でねえ、走らなくちゃなんねえのだ」

ヒロシ「俺もそう思います」

吉　田「足立…」

ヒロシ「車は流されで使えねえ。国道は瓦礫でふさがって、人が線路の上を歩いでるような状態で、北鉄が走るっていうだげで、勇気づけられる人、いっぱい居るど思います」

吉　田「足立…このやろう、いいこと言うじゃねえが足立」

大　吉「走るべ、たとえ一区間でも、ひと駅分の往復でもいい、誰も乗らなくてもいい、運行を再開するごどが使命だ」

吉　田「…んだね！　北鉄は市民の足、地元住民の足ですもんね」

大　吉「第三セクターの意地、見せっぺ！　観光協会も協力頼むど！」

ヒロシ「はい」

線路（日替わり）

トンネルに止まっていた列車を人力で押して動かす北鉄職員とヒロシや菅原など青年部。

大吉「いぐど菅原ぁ！　せーのっ、よいしょおおおおっ！」

菅原「声ばっかりだな先輩、ちゃんと押してます？」

大吉「よいっしょおおおっ！」

春子N「こうして、北三陸鉄道リアス線は、被害の少なかった北三陸〜袖が浜間での運行を開始しました。

3月16日。地震からわずか5日後でした」

（第23週第134回、シナリオ2：519-520）

○アキ、北三陸に帰る

3・11の数か月後、アキは北三陸に帰ってきた。惨状に言葉を失う。しかし、地元の人間たちから大歓迎されて、みんなの変わらない姿に安心するとともに、その姿の中にみんなの強い意志を感じとる。

北鉄・車内

走り出す列車。乗客は居ない。座席に座っているアキ。

春子N「久しぶりに、可愛い電車に揺られながら、アキはこの土地で暮らした3年前の日々を思い返していました」

［…］

遠くから嬌声が聞えて来る。

吉田「まもなく終点、袖が浜に到着しま〜す」

吉田がアキの隣の座席の窓を開ける。

アキ「…吉田さん」

窓から身を乗り出し外を見るアキ。

アキ「…じぇじぇじぇじぇじぇ！」

袖が浜の駅のホームに溢れんばかりの人。

その先頭で、大吉が大漁旗を振っている。

大吉「アキちゃあん！　お帰りぃぃ〰〰！」

ヒロシ、菅原、勉、そして海女クラブの面々、手を振って出迎える。

［…］

大吉「おかえり〰〰!!」

アキ「…ただいま」

一同「おかえり〰〰!!」

アキ「…ただいまあ！（手を振る）」

袖が浜駅

ゆっくり列車が入って来る。待ちきれないように出迎える人々。ドアが開くや否や、アキを引きずり出し抱きつく弥生、かつ枝、美寿々。

弥生「よぐ帰って来たなあアキ！」

アキ「弥生さん、かつ枝さん」

かつ枝「いがった、まだ会えでいがった！」

美寿々「つまんねがった、アキちゃん居ねえがら毎日つまんねがったあ！」

アキ「美寿々さん、会いでがったあ、オラ会いでがった！」

勉、黙ってアキの手を取り握手。

アキ「(少し狼狽えつつ) ただいま」

勉「おかえり」

アキの手首にも勉の手首にも、ミサンガがある。

ヒロシ「アキちゃん、有名になっても何も変わんないね」

アキ「みんなもちっとも変わんね、本当にご無事で良がったです」

花巻「…んだな、ここさ居た連中は何とがやってる」

アキ「夏ばっぱは？」

花巻「え？　あー (動揺し) 夏さんはぁ…」

大吉「さあさあ、行ぐべ行ぐべ」

と、アキの荷物を抱え歩き出す大吉。

ぞろぞろ歩き出す人々、あとから着いて行くアキ。

春子N「みんなちっとも変わらない…そうアキは言いましたが、本当はちょっと変わったな、と思いました。うまく言えないけど、強さと明るさが増したというか、みな呑気に笑っているのではなく…笑っていられる事が嬉しくてたまらない、そんな笑顔でした」

（第23週第137回、シナリオ2：543-544）

北三陸の人間たちと再会する喜びのシーンである。とりわけ海女クラブの面々の率直な喜びの表現は、いかにアキが彼女たちと人格的にも深くつながっているかを示している。（アキは今年は潜るのかどうかという携帯の問いへの返事がなかったので夏のことを気にするのだが、夏が携帯をウエットスーツに入れていたせいで返事がなかったという（第23週第137回、シナリオ2：547参照）あっけない展開で夏は元気であったことが分かる。）

アキにとって何と言っても気がかりなのは、海女カフェのことである。アキは、自分が作った、自分そのものであったと言ってもよい海女カフェを復活させることを決意する。

海女カフェ（回想）

春子N「旧漁業協同組合があった場所に、アキが『海女カフェ』を建てたのが2009年」

『海女カフェ』オープンの日の賑わい。アキが春子を案内する。

×　×　×

イベントで『潮騒のメモリー』を歌うアキとユイ。

同・前

見るからに深刻な被害を受けている海女カフェ。

アキ「……」

春子N「その『海女カフェ』は、海から数メートルしか離れていなかったため、津波の被害を受けました」

同・中

アキ「……（唖然）」

店内の大半が損壊している。割れた水槽が散乱し、テーブルや椅子がひっくり返り、土砂が積み上がっている。

美寿々「袖が浜では、ここが一番、被害がひどがったんだ。これでも、だいぶ片付いたんだよ」

アキ「魚は？」

長内「死んだ。ぜんぶ。水槽も割れでしまったしな」

アキ「……」

かつてステージがあった所へ足を踏み入れるアキ。

春子N「大切な思い出を流された人々の気持ちが、アキにもようやく分かった気がしました」
弥　生「保険下りんのが？　銀行のローンいっぺえ残ってだんだべ？」
かつ枝「金のごどぁいい、それより…せっかぐアキちゃんが作ってくれだ憩いの場が…」
地面の土砂を手で払うと『潮騒のメモリーズ』の看板が土砂の下から現れる。
ア　キ「……」
春子N「それはストーブさんこと足立ヒロシくんと種市くんが中心になって徹夜で作った看板です。思いでの詰まった看板です」

「…」

土砂を手で払いのけるアキ。ユイの、そしてアキの似顔絵が現れる。
ア　キ「……」
夏　「誰のせいでもねんだ。アキ。海のそばで、海の恩恵を受げて生ぎるがらには、アクスデントも受げ入れで、乗り越える覚悟が必要だ」
かつ枝「オラ達の、爺さま婆さまの時代にも、でっけえ津波が来て」
弥　生「昭和三陸地震な」
かつ枝「んだ、三陸一帯、ぜんぶ流されだんだど。そごから、父ちゃん母ちゃんの代で持ち直したんだど」
夏　「分がるが？　自然のいい所ばがり利用して、自然の怖さがら目を背げで、そのうぢ忘れでまう、それが人間の傲慢さだ」

アキ「……」

夏「さ、帰ってひと眠りすっぺ（と去る）」

美寿々「おらも帰んべ、スナック開げねえど」

アキ「…決めだ！」

弥生「あ？」

アキ「海女カフェ、復活させっぺ」

美寿々「アキちゃん…」

アキ「ここさもう一回海女カフェ作るべ」

弥生「アキ、夏ばっぱの話、聞いでねがったのかオメ」

アキ「だいたい聞いでだ。うん。要するに、気にすんな〜って意味だべ」

一同「……」

立ち止まり、背中で聞いていた夏、かすかに微笑み去る。

夏「……」

アキ「正直分がんねがった。オラに出来るごど、オラがやるべぎごどってなんだべって。ずっと考えでだ。東京でテレビ見てだら、あまりに問題が山積みで。何万人のデモ行進どが、何百万トンの瓦礫どが、正直オラひとりじゃどうにもなんねえって気になっつまう。頑張ろうどが、ひとづになろうどが言われでも息苦しいばっかりでピンと来ねえ。んでも、帰って来たら色々はっきりした。とりあえず人は元気だ。みな笑ってる。それは良い事だ。食べるものも…まあ、ある。

北鉄も走ってる。それも良い事。んだ。東京さいだら、良い事が耳に入って来ねえんだ。暗え話ばっかりで…あれ？　なんの話だ」

いつの間にかユイ、ヒロシもいて。

ユ　イ「海女カフェ」

ア　キ「んだ、オラが作った海女カフェが流されだ。直すどしたらオラしかいねえべ。これぞまさに、オラに出来るごどだべ！」

ユ　イ「無理だよ」

ア　キ「あ…ユイちゃん」

ヒロシ「…俺が連絡した」

ユ　イ「気持ちは分かるけど無理。これは現実だから、逆回転は出来ないよ」

ア　キ「……」

ユ　イ「元に戻ったとしても、怖がって誰も来ないよ。地元の人ですら逃げて行っちゃうんだもん」

かつ枝「確かに…んだがら、3ヶ月以上も手つかずなんだもんな」

長　内「ローン半分も払ってねえす、保険だって…いづ、なんぼ入って来るが、分がんねす」

かつ枝「更地にすんのが精一杯だ、んだべ観光協会」

ヒロシ「…すいません」

春子N「アキの予想は的中しました『みんな可笑しくて笑ってるわけじゃねえ。笑顔の下に重たい現実を隠してるんだ。道のりは長い、でもやらねばなんね。わざわざ帰って来たんだから』」

アキ「（努めて明るく）ユイちゃんただいま」
ユイ「おかえり」
（第23週第138回、シナリオ2：549-552）

ここにこのドラマの描く出来事のうちで、とりわけアキにとってもっとも大きな「逆回転」の出発点がある。被害を受けた海女カフェの実態はまさに「色即是空」を示している。これをどのように受け止め、これとどのように向き合うのか。ここからアキは「空即是色」へと向かおうとするのである。夏の言葉はアキに人間の次元での責任を問うことではなくて、自然への人間の態度について「アクシデントも受け入れで、乗り越える覚悟が必要だ」と教える。人々は、何とか「乗り越える覚悟」を固めて日常生活でそれを貫こうとする（夏・美寿々・弥生のように）。夏の言葉を「気にすんな〜」という意味だとしてほとんど飛躍した仕方で理解するアキのその理解の仕方に夏はゆるやかな同意を与える。そこでアキは、その「乗り越える覚悟」をさらに海女カフェ復活へと進めるのである。アキなりに東京では分からなかった事柄を北三陸で知り、「逆回転」の基盤を確かめるわけである。

ユイは「逆回転」をアキの教育番組での意味で捉えているようである。それは虚構なのであって、人間たちが向き合っているのは「現実だから、逆回転は出来ないよ」と言う。確かにそのような「現実」がある（かつ枝、長内が言うように、そしてヒロシが謝るように）。アキは心の奥で決意を固める他はない。かくて「逆回転」とは、自然の次元でのプロセスではなくて、人間の次元での強い意志が求められるプロセスなのである。

アキとの会話でユイはアイドルについての考え方が変わったことを語り、そしてアキの言葉によって北三陸にずっといることを決心する。

袖が浜駅・ホーム（夕方）

ユ イ ［…］
「東京行っても私、アイドルになれなかった気がする。無理してるわけじゃないよ、本心で言ってる。アキちゃんみたいに、みんなに好かれて、みんなを笑顔にする才能、私にはないもん…うん、これで良かったんだよ」
［…］

ユ イ 「アキちゃんは、なんで帰って来たの？」

ア キ 「決まってるべ、ここが一番いい所だぞって、ユイちゃんに教えるためだ！」

ユ イ 「……」

ア キ 「一回も東京さ行ったごどねえユイちゃんの代わりに、おらが東京さ行って、芸能界どが、この目で見で、色々経験して、んでも結局、ここが一番いい、北三陸が一番いいぞって教えでやるためだ」

ユ イ 「本当に？　本当にここが一番いい？」

ア キ 「間違いねえべ」

ユ イ 「…大好きなアキちゃんがそう言うなら、信じようかな」

アキ「へへへへ」

ユイ「私もここ、好きになる」

アキ「おらも、ユイちゃんがいる限り、ここが一番好きだ」

ユイ「よし、決めた！　こうなったら私もう、ここから一歩も出ない！　東京なんか行かない！　私に会いたければ、みんな北三陸に来ればいいんだもん！　ね!?」

アキ「んだ！」

ユイ「アキちゃん、帰って来てくれて…ありがとう」

（第23週第138回、シナリオ2：552-554）

○夏の教え：「覚悟」

夏は、アキに暮らしていく上での「覚悟」について教える。

天野家・居間（夕・カットバック）

［…］

夏「どぉれ、晩飯作るが〜」

と、縁側に出て、干してあるワカメを数束取る。

アキ「…ねえ夏ばっぱは、怖ぐねえの？」

夏「怖い？　なにが」

アキ「海だ、津波見だんだべ？」
夏「見だよ、高台がらな」
アキ「潜りだぐねえど思わねえの？」
夏「潜らねがったら、どうやって生ぎて行ぐんだ？」
アキ「リアスもあるし、ミサンガ作れば小遣い稼ぎになるべ」
夏「…それじゃ張り合いねえなあ（居間へ）」
アキ「（追いつつ）もどもどが忙しすぎるんだよ、夏ばっぱ、もう67だべ、四捨五入したら100歳だべ」
夏「…どごで四捨五入してんだ？」
アキ「まだ身体こわしたら大変だべ、今度はママいねえし、みな自分のごどで精一杯だ。ウニもいねえし、せめで潜るのはもう辞めだらどうだ？」
夏「……」
アキ「オラぁ見づまったんだ、流された船どが車どが、ひん曲がった線路どが…あんな光景見だら、普通逃げ出したぐなるべ」
夏、アキの正面に座り直し、
夏「いいがアキ、海が荒れで大騒ぎしたの、これが初めでじゃね。50年前のチリ地震の時も大変な騒ぎだった。まさが生ぎでる間にもう一回、怖え思いするどは思わねがった」
アキ「……」

夏　「家が流され、船が流され、多くの命が奪われだのは痛ますい。忘れではなんね。んでもな…んだがらって海は怖えって決めつけで、潜るのやめで、よそで暮らすべなんて、オラぁそんな気にぁなれねえ」

アキ「……」

夏　「みんなそうだ、例えば漁協のかつ枝ど組合長な…」

「…」

夏　「ひとり息子が波にのまれでよ、こないだの津波で、その遺影だの遺品だの、ぜんぶ家ど一緒に流されで、それでもここで、笑ってんだ」

天野家・居間（夕）

夏　「笑って暮らしてるかつ枝ど長内さんさ、おめ『ここに居だら危ねえよ』だの『海がら離れで暮らせ』だの、言えるが？」

アキ「……」

夏　「オラぁ言えねえ。オラだって、もしここ離れだら、忠兵衛さん何処さ帰って来んだ？　高原のログハウスが？　世田谷のマンションが？」

アキ「…似合わねえな（笑）」

夏　「（笑）んだがらここで待ってるしかねんだ。忠兵衛さんど引き合わせでくれだ海が、おら達家族におまんま食わせでくれる海が、1回や2回、へそ曲げだがらって、ここを離れで暮らすなんて、端っからそんな気持ちで生ぎでねえど」

アキ「うん」

夏「おめえもだぞ、アキ。東京だろうが北三陸だろうが一緒。どごで暮らすにも、覚悟が無くちゃダメだ」

アキ「うん!」

（第24週第140回、シナリオ2：570-573）

祖母夏のことを案じるアキの「四捨五入」はアキなりの切実な心配を示している。夏は孫の思いを受け止めつつ、自分の「覚悟」をあらためて語る。夏の自分探しは究極の点に達している。ここにも「空即是色」の一つの形が現れている。それは東京なり北三陸なりの場所を問うものではないのである。（場所より人という捉え方に通じる。前掲参照）

第4章　「逆回転」：「空即是色」におけるその位置づけ

人間たちの活動が復興に向けて行われるとき、現実の「逆回転」が生じる。

本来「逆回転」というものはありえない。というのは、「逆回転」が或るものの変化について言われるとき、変化自体がなくなるわけではないからである。或るものが変化したとするならば、それが変化したということをめぐって、それの「逆回転」がなされたというように見えるかもしれない。しかし、仮に「逆回転」というように見えるものがあるとすれば、それはきわめて限定的に何らかの変化が変化以前のものに類似するものになったということであるにすぎない。それ自体一つの変化ではある。しかし、それは類似するものであっても、変化以前のものそのものではないのである。それゆえ、これを「逆回転」というのは、人間の側からなされる限定された捉え方にすぎない。

しかし、その人間にとっては「逆回転」と捉えることによって、一人ひとりの人間にとって何らかの事態を、とりわけ悪しき事態を変える希望をもつことができるかもしれない。そのような機能を変化一般のうちの一つの変化に見ようとすることも、人間の次元では一定の積極的な意味をもつであろう。そのことによって、その人間は自分の人生の意味、生きることの意味を見出すことができるかもしれないのである。

3・11は北三陸もその一つである被災地の人間たちに「色即是空」であることを示した。すでに言及したように、あらゆるものの変化一般に関して、「色即是空　空即是色」と捉える「空」の立場から見て、ここでの事態は一つのプロセスとして位置づけられる。

「逆回転」とは、この表現における「空即是色」にあたるであろう。「逆回転」という捉え方は、この「空即是色」において、その一つの在り方に人間の次元での意味を与えると思われる。「空即是色」はあくまで「空」の在り方の一つであり、人間の次元を超えている。しかしながら、「空即是色」の一つの捉え方として「逆回転」という捉え方も、人間の側から見てここで生じている事態の意味を理解しやすくするものであろう。とりわけ人間の集団的実践として「空即是色」を解釈する場合、一つの具体的なイメージを与えるものと言えよう。

「逆回転」に見られる根本性格は、このドラマの根底に流れる一つのイメージ、すなわち一つの仏教的なイメージに関係しているにちがいない。それは、アキとユイとが歌う『潮騒のメモリー』の歌の中に出てくる「三途の川」という歌詞（後述参照）に示されている。その関係において問われるのは、このドラマの根本性格が当のイメージにどのような役割を果たしたのか、ということである。本書は、「逆回転」という発想が果たした役割を次のことのうちに見出す。すなわち、仏教的なイメージを支える「空」を実現するプロセスを一つの具体的な姿で示すということのうちにである。

この具体的な姿とは、「空」の立場から見れば、「色即是空」であるということをそのまま表わす出来事である。「色即是空」とは、あらゆるものが変化するという事柄そのものを原理的に示すものである。しかしこの場合、この原理的な立場が一つのプロセスにおいて捉えられている。すなわち、事柄としては原理的にもともと「空」ではあるが、その事柄がそれとして明らかになるのは一つのプロセスにおいてである。そのようにしてはじめて、人間にとって事柄が分かるということ、そしてこの事柄を納得して受容するということが可能になるのである。つまり、「空」という事柄が対象として認識される。そこにこの原理の一つのプロセスにおける実現を担う人間の働きが位置づけられるであろう。（幸津 2013 参照）

このように、一つのプロセスとして事態を捉えることが「逆回転」の意味をより分かりやすくしている。すなわち、失われた事態が「復興」されるプロセスとしてである。このプロセスの起点は、失われた事態におかれる。このことが「空」の立場にとってどのような意味をもっているのかという点から見れば、「逆回転」という発想は、「空即是色」とはどのようなことなのかをより分かりやすくしているとも言えよう。すなわち、原理的には「空」であることがあらゆる事態の根本であることはいわば当然である。しかし、或る事態がどのように実現されるのかは必ずしも明らかではない。そこで、一つのプロセスとして捉えることによって、「逆回転」という発想は「空即是色」の意味を理解しやすくするのである。

では、「逆回転」の基盤は何かが問われよう。主体となる人間の次元について考えるかぎり、人間たち自身が構成する地域の共同体が当の基盤となる。人間たちは、この共同体を基盤として「逆回転」の主体となるのである。

ここで確認されるべきことがある。それは、「逆回転」と自然の働きとの関係である。

「逆回転」させることのできないものがある。それは、自然の働きである。震災自体を「逆回転」させることができないということは言うまでもない。自然の働きに基づく震災は、そもそも人間の次元を超えたものである。そのようなものは、人間の次元で捉えられたときに「災害」と見なされるのである。つまり、「3・11」として捉えられる事態とは、人間の次元でのことである。

そこで問われるのは、この事態に対して人間は人間の次元という限定のもとであることを認識しつつ、どのような方向をとることができるのか、ということである。この問いに対する答えとして考えられるのは、否定的に評価される事態から「逆回転」されるべき方向を示すということである。

この点で、「調和」という理念（文献資料4）が事態を一つの方向で明確に示すと思われる。その方向とは「色即是空」から「空即是色」へのプロセスが「不調和」から「調和」へのプロセスとして捉えられるということである。すなわち、自然の働きの中で「調和」が破壊されたということ、したがって「不調和」の事態が現前しているということである。

「調和」は自然にとっては、その働きの一つの局面にしかすぎないであろう。そのとき、自然は全体として均衡状態にあると考えられる。その状態が「調和」として捉えられる状態であろう。そうだとすれば、自然内部の不均衡状態が「調和」ではない状態、すなわち「不調和」の状態であると言えよう。その均衡をもたらす運動は自然の働きであろう。

「不調和」は、自然の次元ではたとえば地震の発生において示されよう。この「不調和」は基本的には地震の発生とともに解消すると思われる。すなわち、「不調和」が地球規模で生じていた諸物の存在秩序の不安定を意味するかぎり、これは地震の結果不安定が解消されて、諸物の存在秩序が一定の仕方で安定を回復することによって、なくなるであろう。そのかぎりで「調和」が訪れるのであろう。しかし、人間の次元ではその結果災害という事態となる。とりわけ3・11では津波が原発事故を含む悲惨な災害をもたらし、「不調和」が過酷に示された。そこから「調和」への歩みが始められなければならなかった。そしてそれはいまも続いている。

災害において「色即是空」であることが示されたのだが、しかし災害もまたそれ自身「色」であり、この「不調和」から「調和」へのプロセスによって「空即是色」であることが示されなければならないのである。いわゆる「復興」とは、人間の次元での「空即是色」であり、自然自身にとってはあずかり知らないことであって、そのように人間の次元に限定されたものであるにすぎない。しかし、それもまた新しい形で作られた「調和」であると言えよう。

第5章　「逆回転」の意味

「逆回転」の元々の用語法は、次のシーンに示されている。

スリーJプロ・オフィス

〔…〕

水　口「どうします？　これ（机の台本を指さす）」

春　子「無理してやることないよアキ、出来ると思うの、1コでいいから選んで」

ア　キ「……」

春　子「ママがしてあげられるのは、ここまで。ここから先は自分で切り開いて行くんだからね」

ア　キ「…これかな」

と、子供番組の台本を手に取るアキ。

春　子「…見つけてこわそう？」

水　口「あ、それ僕です。子供向けの教育番組…すいません、大した仕事じゃないけど、混ぜときました」

正　宗「いいかもしんない、最近の幼児番組はアバンギャルドだもんね、アキにぴったりだ」

春　子「やりたいの？」

ア　キ「(頷く)」

アキN「その選択は、結果的に大当たりでした」

幼児番組『見つけてこわそう』

声　「見つけて！　こわそう！」

メインキャラのさかなクン、アシスタントのアキ、楽しげなオープニングアニメ。

アキN「幼稚園児を対象に、身近なものを見つけては壊し、ものを大切にすることを逆説的に教える新番組『見つけてこわそう』アキはアシスタントとして出演しました」

アキとさかなクンが元気にカメラの前に現れ。

さかなクン「さかなクンです！　そしてアシスタントの…」

ア　キ「じぇじぇ！　岩手県北三陸が生んだアイドル、海女のアキちゃんです！」

さかなクン「今の『じぇじぇ』はなに？」

ア　キ「ビックリした時の言葉です」

さかなクン「ぎょぎょ！　そうなんだあ。ところでアキちゃん！　今日はなに壊すの？」

ア　キ「今日は、いらねぐなった、ずでんしゃを壊します」

さかなクン「自転車だね」
アキ「そんだ、ずでんしゃだよ」
さかなクン「ぎょぎょ！　訛ってるう」
アキN「苦情が来るがど思いきや、予想に反して大好評。子供がものの有り難みを知るきっかけになった。
コップやお皿を割らなくなった、という声が、ぞくぞく寄せられました」

軽食＆喫茶リアス

ユイと夏、勉さん、美寿々が教育テレビを見ている。

アキの声「うーん、自転車ないから、今日はこの壺でいいや」
さかなクンの声「ぎょぎょ！　いいの!?」
ユイ「これウケる（笑）アキちゃんのキャラにピッタリだよね」
夏「…ふん（笑）」
アキの声「本当にいらない壺か、おじいちゃんに聞いてみよう！」
ユイ「アキちゃん、元気になって良かったぁ」
美寿々「うん…でも、さかなクンが元気すぎで心配だ」
さかなクン「ぎょぎょぎょ！」
勉「『じぇじぇじぇ』と『ぎょぎょぎょ』の真っ向勝負だ」
かつ枝、弥生、花巻がウニ丼を運んでくる。

かつ枝「ほれえ！　ウニ丼来たどお！」
弥　生「お！　やってるな、さがなの叩き壊せ」
ユ　イ「『見つけてこわそう』だよ」
かつ枝「まさが子供番組でブレイグするどはな」
ユ　イ「大人にも、すごい人気なんだよ」
［…］
途中から大吉が加わり、
［…］
大　吉「（テレビを指差し）…見ろ！　壺が、あんなに小さぐなったど！」
テレビの中、粉々になった壺を持ったアキ。
ア　キ「よおし、じゃあお待ちかね！　逆回転だあ！」

純喫茶『アイドル』
ＴＶの中、逆回転で壺が元通りになる映像。
甲　斐「え、え、え、ええええ!?（と素直に驚く）」
（第19週第112回、シナリオ2：337-342）

アキは、いわば「空」を体現している。春子によって「個性なし」と規定されている。本来東京が

「地元」であるが、東京とはなじめないままである。つまり、東京ではなんらかの「色」であることが否定され、はじめから「空」として位置づけられているのである。

自分が自分であることそのこと自体がそこから始まるわけである。アキは「楽しみ」を基本に「色」を作っていく。その活動は「空即是色」のプロセスとして位置づけられるであろう。

「逆回転」されるものは、さしあたりドラマの内部で示された例によれば、素材としての「壺」という人工物である。「逆回転」とは、この「見つけた」素材を「こわし」、そして「こわした」ものを元に戻して、元の物がどのようなものであったのかをたどり、元通りにすることである。

○人生の「逆回転」

春子は、失踪していたユイの母親よしえに会ったとき、「逆回転できないもんね人生は」（第19週第114回、シナリオ2：357）と言う。そこには、春子がアイドルへの「夢」を断念しなければならなかったことへの思いがあったであろう（ただし、後には春子は「オセロ」に譬えて自分の人生を肯定する。後述参照）。

しかし、人生の「逆回転」はドラマにおいて描かれた。あるいはさらに、ドラマの全体を「逆回転」を軸とするものとして捉えることができると言えよう。すなわち、このドラマの根本性格を特徴づけるものとして「逆回転」を位置づけることによって、われわれは3・11への態度についてこのドラマから学ぶことができよう。

アキの海女カフェは、その象徴であろう。もともと海女カフェは、アキが海女として始めた活動から生まれた最高の成果である。これが津波によって失われたとき、アキにとってその活動の成果が奪われたという点で、自分が自分であることの証しが失われたことになるであろう。津波という事態は自然自身の働きとしては自然の次元に属するものであって、人間の次元に関わるものではないであろう。しかし、それは人間にとっては「災害」として否定的に評価される事態になった。

そこでドラマは、「災害」として否定的に評価される事態からの「逆回転」にその根本性格があるものとして捉えられることになろう。

アキは、海女カフェの再建で「逆回転成功」を喜ぶ。そこにはそれに参加した人々のさまざまな思いや経験が詰まっている。

海女カフェ

さかなクン寄贈の水槽と魚が並んでいる。

嬉しそうに眺めるアキ、ユイ。

鈴や琴、地元の子供達にさかなクンが解説。

春子N「その頃には、海女カフェの再建も着々と進んでいました」

種市、勉さん、水口、ヒロシが黙々と作業する。

春子N「予算が足りず、震災前の海女カフェには到底及びませんが、手作り感溢れる、暖かいお店になりそうです」

文化祭の模擬店の延長のような内装。
中古の冷蔵庫やソファなど家具が運び込まれる。
壁に子供たちが、カラフルな絵を描いている。
ヒロシ「種市くん、そっち白いペンキある?」
勉「こっちさあるよ!」
さかなクン「良かったねアキちゃん」
アキ「…うん。完全に元通りじゃねえが、逆回転成功だべ（笑）」
春子N「種市先輩、ストーブさん、水タクと勉さん、それにユイちゃん。さかなクンまで。みんな色々あったけど、今ここにいる。色々あって今がある。そのことがたまらなく嬉しいアキでした…」
（第25週第149回、シナリオ2:645）

「逆回転」の決定的な成功は、ウニの繁殖によって示される。

袖が浜
ウエットスーツに着替え、水中メガネを装着するアキ。美寿々が一足先に入水する。
美寿々「準備できたら行ぐよアキ」
春子N「この日の水温、14度」
アキ「（水に入り）しゃっこい!」

夏　「（手すりから）ちゃんと体馴らしてがら潜るんだぞー！」

　　「…」

　　アキと美寿々、水面にプカプカ浮いている。

美寿々「行ぐよおーー！」

　　とまず美寿々が、続いてアキが意を決して潜る。

アキ「!!（驚愕）」

　　「…」

夏　「（不安気に）どうだあ？　アキぃ！　美寿々！　ウニいねえが？」

アキ「（顔出し）ぶはあっ！　ばっぱ！　大変だ！」

夏　「どした」

アキ「ウニで岩が見えねえぐれえだっ！」

夏　「じぇじぇじぇ！」

美寿々「（顔出し）繁殖、大成功だぞ！　ばっぱ！」

　　再び潜るアキ。

　　海底の岩に、ウニの群れがビッシリ張りついている。

春子N「ご覧下さい、去年の夏にはほとんど居なかったウニが、岩にビッシリ張りついているではありませんか。生まれたばかりのウニの赤ちゃんも、順調に育っていました」

アキ「……」

春子Ｎ「アキは言葉を失いました…ま、どっちにしろ水中なので声は出ませんでしたが…その分、この喜びを全身で感じたくて、深く深く潜りました。これで漁が出来る。北鉄も走る。海女カフェも、みんなのおかげでオープンできる。賑やかで楽しい２０１２年の夏がやってきました！」

ア　キ「なんぼでも獲れるどお!!」

（第25週第１４９回、シナリオ２：646-647）

◯「大逆転」：「逆回転」の意味の広がり

ところで「逆回転」の意味は、ゆるやかに捉えられている。たとえば、それは「大逆転」とも言い換えられている。「大逆転」という言い方においては、それが起きるまでのプロセスそのもの、つまり「回転」については主題的に問題とされることは必ずしもないように思われる。「逆回転」は元々の例示の仕方を見るかぎり、その事態に対しては何らかの評価がなされることはない。そうではなく、その事態はいわばプロセスそのものとして捉えられている。つまり、「逆回転」以前のプロセスが「逆」にたどられるのである。しかし、さらに「復興」がドラマの前面に出てくるとともに、「回転」の結果としての「被災」に対して、これを乗り越えるという意味が付加されて、「逆回転」という事柄について肯定的な意味が与えられるようになる。

このことを前提して、「大逆転」という用語が登場する。すなわち、「大逆転」においては主体にとって否定的なものとされる事態がまずあり、それが「大逆転」されることが主題となる。「逆転」という表現はとくに使われてはいないが、「大逆転」という用語は「逆転」が質的に高められて、

「大」と形容されることを意味するであろう。「大逆転」ともなれば、それを肯定的に評価する側に立つかぎり、「逆転」への肯定的な評価がさらに質的に高められて、「大逆転」となるわけである。

夏は、津波について淡々と語りつつ、鈴鹿に自分の人生が「大逆転」だと言う。

天野家・居間（夜）

［…］

夏　「（笑）歌っても歌わなくても、津波の事は頭がら離れませんがら、どうぞお構いねぐ」
鈴鹿「え？」
夏　「津波は間違いなぐ来たし、鈴鹿さんはもう17歳じゃねえ。どっちも当たり前過ぎでピンと来ねえべ。それよりも、有名な女優がわざわざこんな田舎さ来て、目の前で歌ってくれる、それだけで、みんな大喜びでがす」
台所へ立つ夏。
鈴鹿「…お母さん」
夏　「春子は東京さ行ったが、あんだのようなアイドルには成れねがった。んでも、めんこい孫連れで帰って来た。その孫が今、北三陸のアイドルで、すかも海女クラブの後継者だ。ははは。オラの人生、大逆転だ。ずっと一人で待ってだ甲斐あったべ」
鈴鹿「私のせいなの、お母さん…ねえ聞いて、春子さんは…」

（第26週第152回、シナリオ2：668-669）

鈴鹿は春子とのことについて話そうとするが、夏は自分の人生について「大逆転」と言うことでゆったりとすべてを受け容れている。話がかみ合っていないようで、夏は鈴鹿のことも受け容れているのである。

同じことを春子も「オセロ」という表現で語っている。アキのおかげで春子の「オセロ」は春子と正宗との関係にまで及ぶようである。

原宿・表参道

並んで歩くアキと春子。

［…］

不意に交差点で立ち止まる春子。

アキ「ママ？」

春子「ここに立ってたことある、ママ、昔」

アキ「え？」

春子「ここで信号待ってると、スカウトマンが声かけて来るって噂聞いて、朝から晩まで立ってたんだ。……ありがとうね、アキ」

アキ「え？」

春　子「後悔してたの、家出して東京来たこと。アイドルに憧れたこと。でも今は違う。ぜんぶ良かったと思ってる。パパと知り合って、アキが生まれて、そのアキが海女さんになってアイドルになって、おかげでママ、鈴鹿さんと仲直りできて、所属事務所の社長だって。なんか…なにこれ。オセロのコマが一気にひっくり返った感じ。アキのおかげで。だから、ありがとう」
アキ「えへへ、こっ恥ずかしい」
春　子「言ったからね、ママ。『ありがとう』って、忘れないでよ」
アキ「うん。あとはパパだげだな」
春　子「ああ…。そうね…」
アキ「どうすんの？　より戻すの？　おら、どっちでもいいぞ、一緒に暮らしてるし」
春　子「どっちでもいい…なら、戻…そうかな」
アキ「じぇじぇ！　やったあ！」
（第22週第132回、シナリオ2：503）

○**「逆回転」の例：地引き網再利用のミサンガ作り**
捨てられていた地引き網の再利用によるミサンガ作りも「逆回転」の一つの例と言えるかもしれない。

袖が浜・浜辺の道

アキ「んん？」

道の片隅に、絡まった漁用の網が捨ててある。

夏が通りかかり、

夏「どうしたアキ」

アキ「ばっぱ、これなに？」

夏「ああ。網だ」

三陸の浜辺（スチール）

絡まって使い物にならない網が捨てられている。

春子N「震災で中断された沿岸漁業は、未だ再開の目処が立たず、地引き網や壊れた船が放置されていました」

プレハブ内

アキが網を抱えて飛び込んで来る。

［…］

アキ「花巻さん、これでミサンガ作るべ」

花巻「あ？」

アキ「復興祈願のミサンガ、作るべ！」

長内「地引ぎ網でミサンガぁ？」

アキ「んだ、ミサンガの材料が高くて買えねえって、観光協会の栗原さん言ってだべ、んだがら」

かつ枝「それは…ダメだ、アキ」

アキ「なすて？　よぐ見だらカラフルでキレイだし、ただ捨てだらもったいねえべ」

花巻「違う、捨てるに捨てられず、置いであるんだ」

磯野「海ん中にも岩に絡まった網がいっぺえあるんだど」

アキ「…もったいねえな」

長内「アキちゃん、地引ぎ網にはな、漁師の魂が宿ってんだ、神聖なものなんだぞ」

夏が入口に立っている。

夏「だったら尚更、放っとぐ手はねえべ」

かつ枝「夏ばっぱ…」

夏「丸めで陸さ置いでだって魚ぁ獲れねえ、だったら再利用した方が利口なんでねえの？」

長内「…んでも、よりによって大事な網で」

夏「網で作るがら意味があるんだ、手首さ巻いたミサンガ見るたびに、一日も早ぐ漁さ出るべって気になるべ。それが復興のシンボルだ。しかも売り上げで、新しい網も買える、一石二鳥だ」

美寿々「…金取んのが？」

夏「当たり前だ、転んでもタダじゃ置《マ》ぎ《マ》ねえ北三陸だ」

（第24週第１４０回、シナリオ2：567-568）

アキのちょっとしたアイディアをもとに、漁師にとって神聖な網をミサンガに用いることについて、発想を「逆回転」させ、かえって漁師の魂を生かすというわけである。これが製品化されてＰＣ動画に載せられ、現実の「逆回転」に役立てられるという段取りである。

北三陸駅・駅舎（夜）

［…］

以下、ＰＣの動画画面とカットバック。

アキ「この度、北三陸市と北鉄が協力して。復興祈願、海女のミサンガを作りましたあ！」

両方の手首を見せるアキ。（新旧ミサンガが一本ずつ）

アキ「こっちが新バージョン！　なんとこれ、津波で破損した、地引網を再利用してます」

インサート・高校生の海女たちが笑顔でミサンガを編んでいる映像。

海女たち「私たちの思い、このミサンガに込めましたぁ」

テロップ『新海女のミサンガ・５００円』

アキ「ネット販売も承っておりまーす！」

（第24週第１４０回、シナリオ2：569-570）

○ユイの「逆回転」

チャリティコンサートで東北ツアー中のGMTが北三陸を訪れる。アイドルを迎える人々の態度には、北三陸―東京の関係に規定された現代日本の社会の中での被災地の雰囲気の一端が現われている。確かにアイドルたちは迎える人間たちに文化の最先端に触れている思いをさせ、それなりの仕方で自分が自分であることの確認ができるのかもしれない。またこのチャリティ活動によって、アイドル個人にとってもそのような活動をする自分こそが本来の自分であると確認する機会になるのであろう。ここでは迎える人間たちとの交流があり、アキの離脱の原因となった歌が技術的に操作されるようなこともない。彼女たちは自分の声で歌うのである。その歌は、ユイに自分探しを改めて促すことになる。

軽食&喫茶リアス

［…］

大　吉「いやあ…それにしても皆さん、遠いところわざわざ」

河　島「チャリティコンサートで東北ツアー中なんです。昨日が宮古で、今日は移動日だったんです」

しおり「今夜中に弘前のホテルに着けばいいの」

磯　野「なんが…まだ信じられません、こんな田舎に、天野以外のアイドルが…」

菅　原「GMTがやって来た、じぇー！　じぇー！　じぇー！　だな（笑）」

［…］

河　島「自己紹介ですか？　差し支えありますねプライベートですから」
小野寺「やっぺし、河島さん、アキちゃんの地元だし」
しおり「そうだよ、チャリティツアーだもんね」
　とステージへ移動するGMT。
［…］
しおり「海はないけど夢はある、埼玉在住、GMTの元気印、入間しおり19歳です！」
磯　野「しおり――ん！」
大　吉
菅　原
吉　田「しおり――――ん！」
ヒロシ
小野寺「宮城と言えば？」
磯　野「ずんだーずんだー！」
小野寺「美味しいお茶と」
青年部「ずんだーずんだー！」
小野寺「私の名前は」
青年部「小野寺ちゃーん」
小野寺「え？　呼んだ？」

青年部「呼んだ呼んだー！　いえーい！」
真　奈「福岡県…」
ヒロシ「佐賀だろー！」
磯　野「お、ストーブさんは真奈ちゃん推しですか？」
真　奈「佐賀県出身、遠藤真奈です、がばいよがばいよー」
喜屋武「はいたーい！　沖縄出身喜屋武エレン！　ゴーヤー」
大　吉「ちゃんぷる！」
河　島「そこは返さなくていいんです、毎回アドリブなんで」
ベロニカ「ブラジルト山梨ノハーフナンダケド何カ？　ベロニカデス」
しおり「5人合わせて地元系アイドルせーの」
5　人「GMT5！」

［…］

飛び入りで加わるアキ。

ア　キ「じぇじぇ！　岩手県は北三陸で海女やってます、潜水士の資格も持ってます、海女ちゃんこと天野アキです！」
しおり「5人、6人？　合わせて地元系アイドルせーの」
5　人
ア　キ「GMT6！」

大きな拍手。

ユ　イ「……」

「…」

吉　田「地元に帰ろう、聴きたいですね、なんて」

大　吉「こらこら、いくらなんでも失礼だべえ」

菅　原「んだんだ、ぷぷ、プライベートだもの…ねぇ」

と言いつつ、すがるような目をする青年部。

しおり「別に…」

菅　原「いいですかあ!?　すいませぇ～ん、すいませぇ～ん」

と、手際よくマイクを配る菅原。

ヒロシ「ウェブ用にカメラ…すいませぇん」

歌い出すGMT6。遠巻きに見るユイ。

ユ　イ「……」

（第25週第146回、シナリオ2：616-622）

GMTの歌を聴いて、ユイは自分が諦めきれていないと感じる。そして『潮騒のメモリーズ』活動を「やる」「やらない」で揉めた後、この活動を再開するように思い直す。この活動の中にユイは自分が自分であることを見出すのである。まわりの人間たちもユイの強い思いに動かされる。アキはともに「逆回転」する者としてユイをあらためて歓迎する。

スナック梨明日（回想・夜）

『半年前』

ユイ「やるよ！」

アキ「!?」

勉「やったあ！」

水口「……」

夏「（笑）」

アキ「ま、まじで？」

ノートをカウンターに出すユイ。

『潮騒のメモリーズ現象〜第二章』と書かれている。

ヒロシ「潮騒のメモリーズ現象…なにこれ」

ユイ「再結成からお座敷列車までのストーリーをまとめたの、読んどいて」

アキ「やる気まんまんじゃん」

ユイ「もう失敗は許されないからね。やるからには前回の反省を踏まえて、しっかり戦略練らないと、水口さん」

水口「あ、はい」

ユ　イ「わんこチャンネルの池田Dに連絡してください、お兄ちゃんは観光協会のホームページで再結成の情報流して」

ヒロシ「は…はい」

ユ　イ「アキちゃん…ごめん私、嘘ついてた。全然吹っ切れてないし、全然諦めきれてない。物分かりいいフリしてたけど無理。なんかGMTの歌聴いてたら、イライラしちゃって、もちろん自分に？　なんか…同い年なのに何やってんの私！　って。［…］」

［…］

ア　キ「お帰り」

ユ　イ「え？」

ア　キ「めんどくさいユイちゃん、おかえり」

ユ　イ「…ただいま（笑）」

（第25週第147回、シナリオ2：626）

PART III

第6章 「貢献人」という人間像

人間は「貢献」することをその根本性格としている、と捉える立場がある。この立場に立つならば、人間は「貢献人」（文献資料5）として捉えられよう。そしてこの立場から、もし自分にとって楽しいことをすることによって誰かのためになることがあれば、楽しいことは社会的な意味を獲得し、自分の居場所が社会的に確保されることになろう。

誰かのために何かをしたことがその誰かに喜んでもらうことができるならば、人間は自分が認められていると感じる。そのことをその人間は喜ぶ。つまり、誰かにそのように喜んでもらえることによって、人間は自分が認められたと感じることができる。その何かをしたことは誰かに「貢献」したことになる。そのことによって一人ひとりの人間は、相互に自分が認められることを感じることができる。そのように喜んでもらうことができるならば、そこにその人間の社会的な居場所があると言えよう。さらに、そのように喜びを与えることが自分の本来の仕事によってできたと感じることができるならば、そこにその人間は自分の居場所を見出すことができよう。

「貢献人」としての自分は、人間の次元での「調和」を作り出す主体をなしている。つまり、「貢献」は「調和」の内容を示しているのである。自分の「貢献人」としての在り方によって、人間は共同体の「調和」を作り出し、そのことによって自分の居場所を見出す。そこに一人ひとりの人間は自分の人生の意味を認識することができるであろう。自分が変わったのかどうかという問いは、そのような自分の人生の意味への問いであろう。「貢献」することによって「貢献人」という人間の存在性格を発揮することは、共同体の「調和」を作り出すという内容をもっている。そのような内容を作り出すことに向けて自分が変わったことを自分の人生とすることができた人間は、自分の人生の意味を見出すことができるのであろう。「空」の立場から見れば、人間の次元に限定されることではあるが、「色即是空」から「空即是色」へのプロセスが遂行されたことになろう。

それぞれが自分の居場所を求めつつ、いろいろなところへ出かけていきもするが、結局「ここがいちばんいいところ」と帰ってくる場所、そこが本来の自分の居場所であるということになるであろう。そこでは誰でも受け容れられる。つまり「来る者は拒まず」ということである。来る者一人ひとりが地域の共同体のうちに自分の居場所を見出す。そのとき、一人ひとりの人間は何らかの活動を通じて「貢献人」であることと〈自分〉であることとを合致させる。人間たちは、そのような人間として相互に承認し合う。

北三陸では相互承認の在り方がそれぞれの活動が他者によって承認されるということに止まらない。それよりもさらに、むしろそれぞれが他者に対して「貢献人」としての態度を貫くことによって相互承認が成り立っている。

○「貢献人」としての海女、アイドル

このドラマでは「海女」は北三陸のシンボルである。そのとき「海女」が主題となるのは、人間と自然との関係を象徴する者としてである。さらに、その「海女」としての活動を通じてアキは「地元」アイドルになる。それは、東京のアイドルとは異なる。東京へ行くこととアイドルになることとは、必ずしも重ならないであろう。というのは、地元で人々を楽しませることは、人々を喜ばせるような活動の一つであり、そのような活動としての「アイドル」活動がありうるからである。この活動によって、アキとユイは地元で人々を楽しませるアイドルとして「貢献人」の人間像を具体的に示している。

自分らしさ、自分が自分であることを発揮するのは、「貢献人」として何らかの活動をしている場合に典型的にみられる。

登場人物たちにとって、とりわけ3・11以降、復興に何らかの仕方で貢献することによって自分が自分であることができるようになるのである。

貢献の仕方にはいろいろある。もちろん震災の前から町おこしに貢献する活動は多様である。たとえば、安部ちゃんの「まめぶ大使」の活動がある。彼女は関東—東京に出かけて、岩手物産の「まめぶ」の販売を地道に進めて当初の目標を達成した。これは、貢献の仕方として基本的なことであろう。その安部ちゃんが北三陸に帰郷して、復興のために貢献する。「影武者」を「落武者」と言い間違えるアキに間違いを厳しく指摘して、大人としての言葉づかいを教えつつ、しかし温かくアキの活動に協力する。アキは良い先輩に恵まれている。自分の好きな活動を通じて自分に与えられた課題に取り

組むことの中で自分が自分であることを実現する好例である。

旧海女カフェ付近

春子N「そして8月に入ったある日」

自転車で坂道を下るアキ、漁協の前を通過し、慌てて急ブレーキをかける。

アキ「じぇじぇじぇ！」

漁協の前に、安部ちゃんのまめぶ販売車が停まっている。

プレハブ内

飛び込んで来るアキ。

アキ「ねえねえ、安部ちゃんの車あったよ！」

安部ちゃんを海女クラブ&長内が囲んで、まめぶ汁を食べている。

安部「アキちゃん、ただいま！」

アキ「なして、安部ちゃん、なして!?」

かつ枝「アキのごどが心配で、お盆まで待でねがったんだど」

安部「違う違う、3年頑張って、当初の目標も達成できたし」

花巻「100万食売り切ったんだど」

アキ「じぇじぇじぇじぇ！」

安　部「そばとうどんも入れでな（笑）安部小百合、晴れてまめぶ大使、卒業です」
長　内「お疲れ！（拍手）よぐ頑張ったぞ安部ちゃん！」
アキ「（しみじみ）すげえなあ安部ちゃん、かっけーよ」
安　部「やめでよ、恥ずがすい」
アキ「オラぁ誇りに思うど、安部ちゃんがオラの…落武者だったなんて…」
安　部「影武者ね、影武者（厳しく）落武者なんかやってないから！」
長　内「どっちだっていいべえ」
安　部「良ぐないよ！　もう20歳になるのに、影武者ど落武者の違いも分がらないなんて、そんなの恥ずかしいよ！」
アキ「…ごめん」
安　部「…（落ち着いて）アキちゃんもかっけーよ、芸能界を捨てで地元の活性化に貢献するなんて」
アキ「いやいや」
安　部「…流されちゃったんだね、海女カフェ」
美寿々「…そうがぁ、3年前はまだ無がったもんな」
弥　生「なんだが、遠い昔のような気ぃするなぁ」
安　部「見だがったなあ…アキちゃんの作った海女カフェ」
アキ「見れるべ《ママ》」
安　部「……」

ア　キ「…オラが、もっかい海女カフェ作る、そごで安部ちゃんにまめぶ作ってもらう、花巻さんど2人で、おかわり自由のまめぶバーやってもらう！　こき使ってやる！」
安　部「頼もしいごど（笑）」
春子N「アキは決意を新たにしました。安部ちゃんや、ユイちゃん、夏ばっぱ。町のみんなが笑顔になるように、ここにもう一度、海女カフェを作るんだ」
（第24週第141回、シナリオ2：579-580）

○南部ダイバーの貢献

南部ダイバーも震災からの復興のために貢献する。彼らは南部潜りで港湾施設の基礎工事などに関わり、素潜りとは異なる仕方で人間と自然（海）との関係を支える。潜水士として彼らは、瓦礫撤去をすることによって、海女の活動を可能にするのである。

観光協会
ドアを開け、中を覗く種市とアキ。磯野が珍しく深刻な表情で資料を読み上げている。

磯　野「…以上が、3ヶ月間に及ぶ海底調査による、三陸海岸の被害報告、および水質調査の結果です」

海女クラブ&長内、大吉、菅原。

夏「要するに…オラ達がこれ以上潜っても、意味がねえって事が？」
ア　キ「（思わず）じぇ!?」

かつ枝「いやいや、それどころが、もう潜らねえでけろって話だ」
長内「そごまでは言ってねえべ、なあ磯野先生」
磯野「はい…しかし、海底の瓦礫が危険な上に、ウニの餌になるワカメや昆布の上に堆積している現状では、ウニの繁殖は望めないのは事実です」
アキ「…すげえ、あのいっそんが真面目に喋ってる」
種市「うん、別人みでえだ」
磯野「そご静かに！」
「…」

アニメーション

磯野N「ウニは海の中で産卵します。孵化した受精卵は海中を漂う植物プランクトンを食べながら稚ウニと呼ばれる大きさに成長し、さらに大きくなると昆布やワカメなど海藻を食べ、3、4年で5センチを超える親ウニへと成長するのです」

スチール・浜に打ち上げられたウニ

磯野N「しかし、3月11日の津波によって多くの親ウニが陸に打ち上げられたり、沖に流されるなどして失われました。このまま数少ないウニを獲り続けると、秋の産卵期に親ウニが居なくなり、繁殖もストップしてしまいます」

観光協会

かつ枝「（激怒）そんな事ぁ分がってんだよ！」
磯　野「す、すんません」
かつ枝「んでも、ここで実演を辞めだら、明治がら続いた海女漁の伝統もストップしてしまうべ！」
花　巻「んだ、ウニど海女の闘いだ」
「…」
美寿々「ウニが育つまでの3、4年、なんとが他の魚介類で繋げればいいんだげど」
種　市「よその海から親ウニをもらって、放流するごとは出来ねえですか」
一同、驚いて種市を観る。
磯　野「…お？　なんだ、くぬやろ、種市でねえが！」
大　吉「あらら、元南部ダイバー」
種　市「ご無沙汰してます。　産卵期のウニを被害の少ない地域から買いづけて、放流する事は出来ねえですか？」
長　内「…なるほど。八戸の漁協にコネあるがら聞いでみっか？」
かつ枝「んでも都合よく卵産むがなぁ」
磯　野「その前に、瓦礫を撤去して海藻を育てる活動をしなければ、そもそもウニの餌が……」
かつ枝「そんな事は分がってるんだってよ！」

磯　野「わ、私のごど、き、嫌いですか!?」
夏「先生、かつ枝はひとり息子を海の事故で亡くしてんだ、海が危ねえ事ぁ誰よりも分がってんだ」
かつ枝「だがらごそ、オラぁ海がら獲れるものは全部獲るって決めでんだ。ウニは銭だ、同情するなら
　ウニ獲らせろだ！」
海女達「いいぞ！」と拍手喝采。
夏「その瓦礫の撤去は先生、何月までかがんだ？」
磯　野「うーん…年内には何とが」
夏「今月中にやれ」
磯　野「じぇじぇじぇええ!?」
夏「海女クラブはお盆まで休業する。邪魔しねえがら徹底的にやれ。その代わり、お盆過ぎだら遠
　慮なぐ潜らせてもらうぞ」
菅　原「夏さん、そりゃさすがに無理があるべ」
大　吉「んだんだ、北鉄の復旧の目処も立ってねえのに」
長　内「それなりに危険を伴う作業だし」
夏「んな事はみな分がってらよ組合長。だがらごそ、ここで本気ださねばどうする？　いづまで経っ
　ても被災地だぞ、それでいいのが？　いぐねえべ！」
ア　キ「夏ばっぱ…」
夏「今年は海女のアイドル、アキもいる、いづも通り北の海女は元気に潜ってるぞって、日本じゅ

うさアピールするチャンスだべ、よろしぐ頼むど」

立ち上がり出て行く夏、後に続くかつ枝、美寿々、安部。

男達、圧倒され、言葉もない。

種市「…相変わらずかっけーな、天野の婆ちゃん」

アキ「んだな」

磯野「種市…おめえ、しばらぐ居るのが？」

種市「あ、はい、お盆までは」

磯野「そんなら手伝え。県外がらもダイバー来てるが、人手が足りねえ。ＯＢにも片っ端がら声かげるべ」

長内「え、やるのが？　今月いっぱいで」

磯野「あそごまで言われて、男が動がねえなんて…嘘でしょ」

アキ「いっそんもかっけー」

磯野「初かっけー、頂ぎました…よすっ！　カップ被れば魚の仲間だ！　今月中に震災前の海に戻すつもりで頑張るべ！」

大吉「んだ、いづまでも被災者じゃいられねえすけな」

長内「オラも他県の漁協さ声かげで、ウニの繁殖、やってみっぺ！」

春子Ｎ「夏さんの言葉が青年部の心に火をつけました」

磯野「天野！　種市！　景気づけに南部ダイバー歌うが」

アキ「はい！」

神が浜および海中（日替わり）

『南部ダイバー』がスピーカーから流れる。

海中、ヘルメットを被った潜水士が海へ潜り作業する。

春子N「ウニが育つ環境作りのための瓦礫撤去、そして放流も始まりました」

船の上からウニを放流する漁師。

（第24週第１４２回、シナリオ２：584-586）

海女たち、とりわけかつ枝の態度は断固としている。息子を海に奪われたかつ枝が海に立ち向かう態度は海の危険と恩恵とのぎりぎりのせめぎ合いを受け止めて、海辺で生きる者の決意を示すものであろう。「ウニは銭」とは、そのような海女の態度の表明なのである。

そこにかつ枝の自分が自分であることの証明があると言えよう。

○種市の自分探し

そのような海女の活動を可能にするためには、瓦礫撤去が不可欠である。そのための活動の中に自分を見出す青年がいる。種市である。

彼は、東京では潜水士としての仕事に就けず、諦めて故郷に帰ろうとしたところをアキに批判され、無頼船で職人見習いとして働きだした。その種市は、アキがGMTを離れ、孤立していたときには、アキを励ます。

劇場裏通り（夜）

劇場から戻ってくる種市。裏口から出て来るアキと鉢合わせに。

種市「…天野」

アキ「…どうも」

種市「え、帰るの？」

アキ「…うん、おやすみなさい」

と、すり抜けて立ち去ろうとするが、

種市「ここが踏ん張りどごろだぞ、天野」

アキ「…え？」

種市「ひとりぼっちで辛えのは分がる、でも、今逃げちゃダメだ」

アキ「……先輩」

種市「南部もぐりも、んだべ、最後は孤独どの戦いだべ！　深い海の底で独りになってみで、やっと自分ど向き合えるべ。天野はいま、深い海の底だ」

アキ「なすて…なすて今日に限ってそんなに優しいんだ？」

種市「…わがんね。でも、海の底さいる天野に空気送り込むのは、ずぶんしかいねえべ（笑）」

アキ「……ああっ！（と手首を触り）」
種市「どした？」
アキN「そうが、切れだのは、種市先輩のミサンガだったが」
東京ＥＤＯシアターから、ＧＭＴの歌声が聞こえて来る。
ＧＭＴ「地元に帰ろう　地元で会おう」
アキN「うわあ、こ、このタイミングで!?」
（第19週第110回、シナリオ2：327）

アキは種市への想いを告白し、種市も同様である。それも潜水士の活動についての共通了解が前提になっているところがユニークである。

劇場裏通り（夜）
［…］
アキN「一度はすっかり冷めた恋の病が…」
種市「……」
アキ「……」
アキN「……いやいやいやいやいや！　ダメだ、何しろオラぁアイドル。恋愛は御法度…」
［…］

アキN「じゃねえ！　GMTをクビになった今、オラを縛るものは国の法律以外に何もねえ、恋愛御法度解禁！　鎖国は終わった、開国ぜよ、夜明けが来たぜよ！」

アキ「(思わず) 先輩っ！」

GMTの歌声が聞こえる。

アキ、思わず東京EDOシアターを見上げる。

GMT「♪地元に帰ろう　地元で会おう　あなたの故郷　私の地元」

種市「どうした？　天野」

アキ「……」

×　×　×

(回想) 種市との甘い思い出。

実習用のプールで、準備室で、北鉄の倉〔車？〕庫で…

アキ「天野、その火を飛び越えますっ！」

×　×　×

アキ「先輩っ！」

種市「なんだ天野」

アキ「…お、オラど、つ、つ、つつ」

「…」

アキ「付ぎ合ってけろ!!」

種市「天野…」
アキ「……」
種市「……わがった、よし、付ぎ合うべ」
と、アキの肩へ手を伸ばす種市、しかしアキ、払いのけ、
アキ「…やんだ」
種市「じぇじぇ!?　な、なんだおめ、そっちがら付き合うべって言って断るどは…」
アキ「だって、今のオラぁ普通でねえもの」
種市「普通でねえ?」
アキ「んだ、海の底では判断力が鈍るもんだ。今度にしてけろ」
種市「わがった、そういう事なら今度にすっぺ。ただ、ずぶんの気持ちは変わんね」
アキ「え?」
種市「ずぶんは、天野のごどが好きだ」
アキ、思わずニヤけるが、我に返り、
アキ「いやいやいや!　だって先輩はオラじゃなくて…」
種市「ユイどはもう何でもねえ、もう別れだ」
アキ「……」
種市「あいつぁ結局…東京に彼氏が欲しがっただげなんだ。んだがら東京行きを諦めだど同時に、ずぶんも用無しさ」

アキ「それ、いづの話？」

種市「別れだのが？　正月」

アキ「じぇじぇ！　すんげえ前じゃん！」

種市「もっと前がら、天野のごど気になってだげどな」

アキ「い、いづがら？」

種市「（照れ笑い）…ずぶんが、海の底さ居だ時だ」

×　　×　　×

（回想）無頼鮨。アキ、キレてテーブルを叩き、

アキ「すっかりすてけろ先輩！　こないだまで70キロのヘルメット被ってもシャンとしてだのに、縮こまって！　情けねえ！　南部もぐりの精神忘れだのが！」

種市「……」

アキ「田舎さいる頃は田舎の悪口、東京さ来たら東京の悪口、そういうの、一番嫌いだったじゃねえが！　なんだよ、エリートでプライド高えのは、先輩の方でねえが！　なんだよ、オラの初恋の相手は、こんな小っちぇ男だったのがよ！」

×　　×　　×

アキ「じぇじぇじぇ！　もっと前じゃん！　すんげえ前じゃん！」

種市「おかげで今がある。うん、あれがらずっと、天野のごど、一番に考えでだ…いづか、思いを伝えっぺど思ってだ」

アキ「なんだよ…なすて早ぐ言わねんだよ」
種市「そらおめえ、恋愛御法度だったがらよ」
アキ「……」
種市「…ま、返事はいつでもいい、じっくり考えでけろ」
と、裏口から店に戻ろうとする種市。
アキ「やっぱ付き合ってけろ先輩！」
種市「…天野」
アキ「…先輩」
種市「じっくり考えだが？」
アキ「（頷き）おら、先輩が好ぎだ」
種市「…わがった」
（第19週第111回、シナリオ2：329-331）

種市は、結局北三陸に帰り、潜水士として自分が自分であることを自覚するのである。そしてそのような彼を恋人としてのアキが認めることに対して、種市もアキをほめる。そのとき、勉さんがユイとアキとを月と太陽とに対比させるのを種市は肯定する。

北三陸駅・駅舎（夜）

出て来るアキと種市。

種　市「懐かしいな」
アキ「ここさ座って、資格試験の勉強、教えでもらいましたよね」
種　市「ああ…天野も一応、潜水士なんだよな」
アキ「はい。先輩も、潜るの久しぶりだべ？　どうだった？」
種　市「うん。やっぱ三陸の海はいいなって思った」
アキ「……」
種　市「もちろん今は瓦礫だの、ヘドロだのあって、キレイな海じゃねえげど…命の源っていうが、人類も動物なんだなっていうが…上手ぐ言えねえけど、基本だなって思う」
アキ「爺ちゃんも似だようなごど言ってた」
種　市「え？」

×　　×　　×

フラッシュ（回想・第7週〔第42回、シナリオ1：376　前掲参照〕）駅舎。
〔…〕

×　　×　　×

種　市「かっけーな」
アキ「うん、かっけー。オラの爺ちゃんど婆ちゃん、海の中で出会ったんだよ」

種市「ああ、南部もぐりの大先輩だもんな。オラど天野は、実習用のプールで出会ったべ」

×　×　×

フラッシュ（回想・第5週［第27回、シナリオ1：245参照］）北三陸高校・実習用プール。
潜水服で水底に沈んでいく種市。窓越しに見とれるアキ。

×　×　×

アキ「…カッコ良がったぁ〜」
種市「天野も、負げてねえど」
アキ「オラが？」
種市「んだ。今回、地震の後で、さすがにみんな落ち込んでんじゃねえが？　って思ってだげど、楽しそうに笑ってる…真ん中に天野がいるがらだ」
アキ「やめでけろ、こっ恥ずかしい」
種市「いや本当だ。東京でもこっちでも、天野の周りには、いっつも大勢人がいで、みんな楽しそうに笑ってる。そごが…ユイどは違う」
アキ「ユイちゃんど？」
種市「うん、ユイは…こっちがユイの笑顔を見だぐなるげど、天野はこっちが先に笑ってしまう。だがら、2人揃うど最強っていうが無限っていうが、…お互いがお互いの、アイドルっていうが、なんが、いい譬えある気がすんだげど出で来ねえ」
アキ「ビールに枝豆、みでえな？」

種　市「いや、もっといい感じの…」
いつの間にか勉さんがドアの前にいて、
勉「月と太陽でねえの？」
種　市「……」
勉「…あ、カラオケ歌いまーす（と引っ込む）」
アキ「…え、勉さんが!?」
種　市「月と太陽が…そうがもしんね。月を照らすために太陽があって、太陽に照らされるために、月があるもんな」
アキ「…先輩」
種　市「……」
『ゴーストバスターズ』のイントロ流れて、
アキ「あ、大吉っつぁんか」
大吉の声「ゴーストバスターズ！」
アキ「……」

×　×　×

フラッシュ（回想・第6週［第36回、シナリオ1：327参照］）駅舎。
アキ「あの、ひとつお願いがあるんですけど」
種　市「なんだ？」

アキ「もし、試験さ受がったら」
種市「受がったら?」
アキ「受がったら……おらとデートしてけろ」
大吉の声「ゴーストバスターズ!」
アキ「……」
大吉の声「ゴーストバスターズ!」
種市「……」
大吉の声「ゴーストバスターズ!」
アキ「(立ち上がり)うるせえなあっ! もおっ!」

×　×　×

種市「なんだよ、ニヤニヤして」
アキ「ううん…やっぱりこご、懐かしい」
種市「んだな」
(第24週第143回、シナリオ2:590-592)

この会話は恋人同士のものとしては、やや真面目過ぎるかもしれない。しかしこの会話以降、種市は潜水士としての活動にさらに本格的に取り組むようになり、自分の仕事について確信を深めるのである。

プレハブ内

［…］

種　市「天野、心配しなくても、ずぶん、どごさも行がねえ」

アキ「…しぇんぱい」

種　市「瓦礫撤去が終わるまでは、ここさ残るつもりだ」

磯　野「いいのが？　種市」

種　市「海さ潜ってみで、改めで実感しました。ずぶんが思っていだ以上に、復興は困難であるど…。
それと同時に、自分の中で南部もぐりの血が騒ぎました。どんな津波にも負げねえ、強え強え防波堤をここさ作る、漁師の皆さんが安心して出入りできるような港を作る、一日も早ぐ…震災前の状態さ戻す」

磯　野「…た、たねいち」

種　市「だがら精一杯働ぎます、今やれるごど、やります」

磯　野「…たねいちっ、聞いたかアマゾン！」

アキ「はいっ！」

磯　野「お前の彼すは、男の中の男、南部ダイバーだ、せーの！」

アキ「♪白い鴎が　波しぶき…」

（第24週第143回、シナリオ2：594）

ただし、種市の自分探しはそれだけでは完結しない。自分が世話になっている無頼鮨の大将梅頭の承認が必要である。梅頭は、無断で東京をあとにした種市が北三陸で自分を見出したことを理解し、ウニ丼にことよせて種市を許す。つまり、種市は潜水士の仕事においてこそ自分が自分であることを確信できるようになったのである。北三陸の若者の自分探しへの梅頭の粋なはからいである。そのようにして、梅頭は彼なりに東京から北三陸へと激励の言葉を贈ったのである。

軽食&喫茶リアス

［…］

カウンター席、険しい顔でウニ丼食べている梅頭。

種　市「梅さん…」

梅　頭「……」

種　市「お世話になってる…寿司屋の大将です」

吉　田「じぇじぇえ〜、じゃあ、わざわざ東京がら?」

ユ　イ「なんで?　だって、お盆休みなんだよね」

梅　頭「……」

春子N「どうやら種市くんは、大将に無断で東京をあとにして来たようです」

種　市「すいません!　梅さん、改めてご挨拶に伺おうと思ってたんですが…勝手してすいませんっ!

（最敬礼）」

梅頭、ゆっくり立ち上がり、種市に近づく。

殴られる？　と身を固くする種市。磯野、割って入ろうと身構える…が、梅頭、黙って種市の肩を抱き、

梅頭「…なにも言うな、たね、言わなくても分かる」

種市「……」

手を離し、ポケットから2千円出して、

梅頭「ウニ丼ください」

圧倒されつつ、ウニ丼をカウンターに置くユイ。

梅頭「こんなウメえもん食える奴は、東京なんか来なくていい、こっちで頑張れ」

種市「……」

梅頭「種市を、どうか宜しくお願いします（と頭を下げる）」

磯野「…おす」

梅頭「アキちゃんも、頼んだよ」

アキ「はい！」

去って行く梅頭。

春子N「無頼鮨の大将、梅頭さん。北三陸市に滞在した時間、わずか48分、平らげたウニ丼、7つ」

国道・バイクで去って行く梅頭

春子N 「そして10時間かけて帰って行きました」

（第24週第144回、シナリオ2：598-599）

○水口の自分探し

もう一人、東京から北三陸に向かった青年がいる。水口である。アキが北三陸に帰った後、スリーJプロですでに有名女優である鈴鹿ひろ美を担当してきたが、自分はやはりアイドルを育てたいので辞めたいという。その原点にアキとユイのお座敷列車の経験があると春子と正宗に語る。

純喫茶『アイドル』

［…］

正　宗「（水口に）目的地は、見えてるの？」

［…］

水　口「はい…戻りたい場所は、あります」

春　子「お座敷列車でしょ？」

水　口「……」

正　宗「おざしき…れっしゃ」

水　口「はい、やっぱりあれが僕の原点ていうか」

水口、バッグから小型ビデオカメラを出す。

×　×　×

（回想）お座敷列車の思い出のシーン。

北三陸の人々を乗せた北鉄の車内で『潮騒のメモリー』を歌うアキとユイ。

水口の声「拙いけれど一生懸命歌っている2人、それを見守る田舎の人達の、屈託のない笑顔と拍手と、声援と、窓の外の景色と。全部が終わった後の虚無感と…」

一番後ろの席からビデオカメラを回す水口。

水　口「……」

×　×　×

ビデオカメラが店内のテレビに繋がれている。

水口が撮った映像がＴＶに映し出されている。

水　口「僕の中のアイドルって結局これなんです…この時の興奮を追い求めているんです」

春　子「…興奮しているようには見えなかったけど」

正　宗「顔に出ないからね…甲斐さん!?」

甲斐さん、テレビを凝視して泣いている。

甲　斐「熱いよ、これ、なんだよお、ここに居たかったよ」

正　宗「甲斐さん…顔に出過ぎ」

水　口「この感じを再現できないかとＧＭＴで模索して、何とかアキちゃんを歌手デビューさせるとこまで行ったけど…」

正　宗「目的地を通過しちゃったのかな」

水　口「その喩えは今ひとつピンと来てないんですけど…今、北鉄が袖が浜で止まってるって聞いて…なんか、もったいないなって。復旧すれば線路は日本中つながってるんだから、北三陸にとどまらず、全国に広められるなって…」

（第24週第144回、シナリオ2：599-603）

水口は、自分が自分であることの可能性を北三陸に求める。いささか強引にではあるが、仕事の上で北三陸の人間たちの了解を取り付ける。そして勉さんの許しを得て、勉さんのもとでの修行を再開する。つまり、水口なりの「逆回転」による自分探しである。というのも、水口はかつて勉さんの弟子になったが、スカウトマンであることが知られ、ユイを連れ出すことに失敗して北三陸から離れ東京へ帰ったからである。

勉さんに琥珀を磨く心構えを教えられながら、水口は虫入り琥珀を見つけたことがある。

スナック梨明日（夜）

勉「…」

水口「水口くん、手が止まってる」

水　口「あ、すいません」

大吉「さすが師匠」

勉「ちゃんと五感を研ぎ澄まして、琥珀がらいにしえの地球の変遷を感じて、８５００万年の歴史を噛みしめながら磨ぐんだ、酒飲んでくっちゃべりながら磨ぐもんじゃねえ」

菅原「酒飲んでくっちゃべる場所だよスナックは」

水口「…すいません」

と、磨いてた琥珀の塊をゴミ箱に捨てる水口。

吉田「え、なんで捨てだ？」

水口「ちょっと、虫が入ってたんで」

勉「じぇえっ!!」

勉さん、カウンターを乗り越えてゴミ箱へ突進。

美寿々「え、なになに？　どうした勉さん」

菅原「琥珀に虫が入ってだのが？」

水口「え、ええ、アリみたいのが、だから捨てました」

勉さん、ゴミ箱を漁り始める。

菅原「虫入りは高え値段がつぐって聞いだ事あるぞ」

水口「え!?」

琥珀の解説（アニメーション）
樹液にからまって動けなくなる蟻。
夏　Ｎ「そもそも琥珀とは、簡単に言うと樹液が長い年月をかけて固まって出来た結晶です。つまり、琥珀の中に入っている虫は８５００万年前の虫ということになり…要するにとても貴重なのです」

スナック梨明日（夜）
勉「あったあっ!!」
勉さん、ルーペを取り出し虫入り琥珀を見る。
勉「おめ、すげえなあ！」
水　口「……」
春　子「…え、勉さん初めて見たの？」
勉「…はい！　すんげえ、アリだよアリ、ほらあ！　40年やってで初めで見だよ」
吉　田「…やめちまえ」
（第8週43回、シナリオ1：387-388）

勉さんは、どこか軽んじられながらも、どこまでも誠実である。水口がスカウトマンであることが分かってしまったときにも、琥珀もアイドル養成も原石を磨かなければならないという点で共通していることを教えた。

北三陸駅・駅舎

　勉さんだけが見送りに来ている。

勉　口「合わせる顔ねえだろうがら、誰も呼ばねがった」
水　口「はい、ご迷惑おかけしました」
勉　「本当だよ…後継者だど思ってだのに」
水　口「……」
勉　「これ持ってげ」
　と、虫入りの琥珀を手渡す。
水　口「いや、これは頂けません」
勉　「持ってげ、おめえが見つけだんだがら、持ってげ！」
水　口「…でも」
勉　「こんなもの、元はただの樹液だべ。磨いで磨いで、やっと価値がでる。おめえの仕事もそんだべ？　どんないい原石もよ、磨がねがったら宝石にはなんね、違うが？」
水　口「…ああ」
勉　『ああ』って、わがったのが？」
水　口「（首傾げ）…正直あんまりピンと来てないけど、時間ないし」

［…］

走って行く北鉄

夏　N「水口は東京へ帰って行きました」

北三陸駅・駅舎

［…］

ベンチに置き去りにされた虫入りの琥珀。

勉　「あんの野郎…忘れで行ぎやがった！」

（第11週第61回、シナリオ1：538-539）

水口は、東京ではじめてGMT担当として気づく。自分が勉さんの言うように原石を磨いていることに。そのことをアキに語る。

谷中寮・GMT合宿所・一階（夜）

［…］

同・水口の部屋（夜）

［…］

水　口「…なんかさあ、途中から勉さんに言われたこと思い出しちゃったよ」

アキ「琥珀の？」

水　口「そう、琥珀の勉さん、俺の師匠」

［…勉さんの言葉、前記参照］

水　口「やっとピンと来たっていうか、俺は今、６つの原石を持ってんだなって。これを勉さんみたいに磨いて磨いて宝石にすんのが俺の仕事なんだなって」

アキ「…それ、言えばよかったのに、みんなの前で」

水　口「（笑）言えねえよ」

アキ「（笑）」

（第15週第85回、シナリオ２：120-121）

水口は勉さんを「師匠」として尊敬し、水口なりにどのようにして自分が自分であることができるのかを勉さんの教えから学んでいたのである。その思いを勉さんのいる北三陸出身のアキには語ることができたわけである。その水口がふたたび北三陸にやってきた。

スナック梨明日（夜）

大吉、吉田、菅原、ヒロシが、水口を囲んでいる。

ヒロシ「それにしても変わってますよね、こんな田舎に、わざわざ仕事やめで来るなんて」

水口「あ、辞めてないです、春子さんの計らいで」

と、名刺を出す水口。

『スリーJプロダクション岩手北三陸支社長』の肩書き。

ヒロシ「スリーJ…北三陸支社長」

水口「ええ、むしろ出世しちゃった感じで…。あ、でも歩合なんで、アキちゃんユイちゃんがメディアで取り上げられた時だけマネージメントする形で」

菅原「それは足立くん…観光協会の仕事だよねぇ」

水口「いや、こっちでやりますんで、そちらは観光資源の復興に集中して下さい」

ヒロシ「…助かります」

吉田「助かりますって言っちゃった」

菅原「住所がここになってますけど」

水口「合ってました？　良かった良かった、ここを窓口にさせて頂いて、基本的には…また勉さんのお世話になるつもりで」

吉田「勉さんが許してくれたらの話だな」

水口「はい。…でも、新しい人生の出発点としては、あれ以上にふさわしい環境はありませんから」

勉さんの採掘場・前

穴の前で待っている水口。歩いて来た勉さん立ち止まる。

水　口「……ご無沙汰してます」

勉「……」

水　口「お元気ですか？」

無視して小屋から工具を出す勉さん。水口、つきまとうように、

水　口「…勉さんの教えを胸に、原石を…アイドルの原石を磨いておりましたが…なんというか…志し半ばに断念して、又ここへ戻って来ました」

勉「……」

水　口「初心に返り…今度こそ真剣に琥珀と…」

勉「うるせえなあ！」

水　口「すいません…」

勉「口じゃなくて手ぇ動かせ」

水　口「??」

勉「そごにあるべ、道具、忘れだが？」

小屋にカンテラ付きヘルメット、ノミ、ハンマーなど。

それらにマジックで『水口用』と書いてある。

勉　「ついで来い」

水　口「はい」

穴に入って行く勉さん、続く水口。

（第25週第145回、シナリオ2：608-614）

○勉さんの貢献

勉さんのなかなか味のある対応である。忠兵衛のグローバルな感覚がドラマに幅を与えているのに並ぶ琥珀のように悠久の感覚でドラマの奥行を作っている。

勉さんは勉さんなりに琥珀の採掘場へ観光客を受け入れて町おこしへの貢献をしている。ただし、悠久の時間を越えて遺物が目の前に現れるとつい心が乱されてしまうのも、また人間だからということであろうか。自分が自分であることの悩みは尽きないわけである。

観光協会・外観

三大名物の看板『北三陸鉄道リアス線』『北の海女』に続いて『潮騒のメモリーズ』がリニューアルされている。

アキN「袖が浜も、北鉄も満員御礼…」

同・内

ジオラマ上を快調に走る列車。

アキN「行き場を失った観光客の受け皿になったのが…勉さんの採掘場、1時間500円の体験コースでした」

勉さんの採掘場・前

家族連れや子供に説明している勉さん。

勉「琥珀は8500万年前の樹液が、時間をかげて固まったものです。まだ人間は地球上に存在しません、じゃあ何が居た？」

子供達「きょうりゅう！」

穴から小学生が出て来て、

小学生「おじちゃんこれ、琥珀？」

手の平に数センチの黒い棒状の物。

勉「…じぇえじぇえー！」

軽食&喫茶リアス

飛び込んで来る勉さん。

勉「水口くん！　水口くん！　大変！　これ見で！」

水　口「無理っす、今、焼うどん待ってるんで」

店内はヒビキ率いるオタク軍団で混雑している。

よしえ「ごめんね勉さん、今日いっぱいで座れないの」

安　部「まめぶ以外は30分待ちです」

勉　「…30分だとぉ？　こっちは８５００万年待ったんだぞ！」

勉さん、黒い数センチの棒状の物体を見せる。

吉　田「なに言ってんだ、勉ハーこの野郎」

功　「（覗き込み）ああ…なんか動物のフンだね」

吉　田「かりんとうですよね」

勉　「恐竜の骨ですよ!!」

一　同「じぇじぇじぇ！」

×　×　×

アニメーション。

勉　OFF「白亜紀に生きていたとされる肉食恐竜、コエルロサウルス類の後ろ足の指、人間で言うと薬指か中指の第二関節」

×　×　×

勉　「つまり、ここ！（と左中指にあてがう）」

よしえ「はい、焼うどん、お待たせ」

ヒビキ「え、そんなに珍しいの？」
勉　「そりゃあもう、琥珀なんかより全然…」
吉田「琥珀、なんかより、って言っちゃダメだよ」
勉　「だって、こんな状態良いのは…2つと無いから…」
水口「へー、じゃあこれもかな」
と水口、箸置きに使っていた棒状の物を出す。
勉　「……（じぇじぇじぇ〰〰！！！）」
吉田「あー昨日、水口くんが拾ったヤツだ」
水口「箸置きにちょうどいいんですよねー」
功　「すごいじゃない、これ3大名物に登録しなきゃ、北鉄、北の海、北の恐竜」
と、そこへアキが『潮騒のメモリーズ』の衣装で現れ、
アキ「水口さんお待たせ！」
オタク等、どよめく。
水口「やべ、来ちゃった（と急いで焼うどんを食べる）」
勉　「みじゅぐちくん…しょれ」
水口「なんすか？」
勉　「しょれ、あの、僕が見つけだって事に、ならないよね」
水口「いやーそれは（笑）証人が居るし」

吉　田「プライドねえのかよ」

アキ「早ぐ行がねえど、ユイちゃん待ってっから！」

　と、出て行くアキ、水口、吉田、オタク達。

勉「……めっちゃ悔しい」

（第26週第156回、シナリオ2：699-700）

さり気なく、よしえと功（北三陸市長である！）がリアスの雰囲気に溶け込んでいる。この場にいる人間たちにとってのように、人間たちがつくる共同体において求められることは、それがいわば「貢献人」相互のゆるやかな共同体であるということであろう。

○安部ちゃんと大吉

そのような共同体の人間相互のつながりの中でも北三陸の人間同士のカップルともなると、格別である。たとえば、どちらかと言えば影は薄いけれども、しかし真面目な安部ちゃんといつも何かと騒がしいが、決めるべきときには決める大吉との関係が共同体のみんなに盛り立てられておもしろく展開する。

天野家・居間（夜）

［…］

かつ枝「夏ばっぱ、大吉がついに覚悟決めだ」
長　内「明日ほれ、北鉄の試運転だべ？　無事に済んだらプロポーズするってよお！」
夏　　「プロポーズ？　誰に」
忠兵衛「誰っておめ、安部ちゃんしかいねえべ」
鈴　鹿「（思わず）じぇじぇじぇ！」
長　内「…じぇじぇじぇって程じゃねえど、鈴鹿さん」
かつ枝「…んだんだ、元々夫婦だもんな」
鈴　鹿「あ、そうでした…ごめんなさい。でも、ずいぶん昔の話よね」
大　吉「22年前」
鈴　鹿「分かれたのは？」
大　吉「それも22年前」
アキ「半年で別れだんだど鈴鹿さん、２クールだな！（笑）」
鈴　鹿「…あ、あはは（困惑）」
夏　　「大吉、本当に言うのが？」
大　吉「んん…試運転の後、話があるがら、リアスさ来てけろって…伝えだ」
かつ枝「ほれ見ろ！　プロポーズしたも同然だべえ！」

北鉄・倉［車?］庫（日替わり）

吉　田「駅長！　車両点検、終了しました！　試運転お願いします！」

　大吉「はい」と応え、車両の反対側に回ろうとするが、吉田、慌てて制止し、

吉　田「こっちは問題ないですから、どうぞ！　乗って乗って！」

大　吉「アキちゃん？」

　車庫の中からアキ、敬礼。つられて大吉も敬礼、不審に思いつつ乗り込む。

走る北三陸鉄道リアス線

　試運転のため、速度を落として走る車両。

　沿道から手を振る地元の人々。みな笑顔。

天野家・居間（回想・前夜）

夏　「いいのが大吉、焦ってねえが？　春子が、正宗さんど再婚して…」

大　吉「いや、それはまあ…関係ねえどは言い切れねえが、何より、オラの母ちゃんも歳だし、地震があってがら塞ぎ込んでるし…このまま倅ど2人暮らしでは可哀相だべ…」

北鉄・車両内（回想戻り）

　運転士に指示を出しつつ、沿道の人々に笑顔を振りまく大吉。喜びを隠しきれない。

大吉の声「そんな訳で、今年中に見合いでもして、身ぃ固めるべって考えでだ矢先に…安部ちゃんが帰って来て」

軽食&喫茶リアス

客は安部ちゃんだけ。カウンターで落ち着かないアキ。

安　部「なんだべ、今日に限って、ずいぶん暇だね」

アキ「あ、あ、安部ちゃん、こ、コーヒーでいいが?」

天野家・居間（回想・前夜）

大　吉「若え頃、若気の至りでくっついで離れだが…知らねえ仲じゃねえし、今さら歳も世代も違う、ゴーストバスターズも知らねえ若い娘ッ子ど所帯持づなんて…めんどくせえ」

鈴　鹿「それは…さすがに安部ちゃんに失礼じゃないかしら」

大　吉「んだよねえ…でも、偽らざる気持ぢなんだよねえ」

アキ、立ち上がって、

アキ「オラぁいいど思う!」

夏「アキ…」

アキ「震災婚だの、授かり婚だの、何がど理由がねえどくっつがねえのが大人だべ?　だったら、めんどくせえ婚だって、立派な理由だど思う。何より、大吉っつぁんど安部ちゃん、すんげえお似合いだど思う！」

忠兵衛「さすがアキだ、いいごど言うなあ！」

アキ「ただし、本人同士が好ぎあってる事が条件だ」

忠兵衛「そりゃそうだ、オラど夏さんのように両思いでねえどな」

夏「どうなんだ大吉、安部ちゃんが好ぎが？」

大吉「……んん〰」

鈴鹿「悩んじゃダメよ、スッと言わないと」

大吉「好ぎでねがったら、こったらに悩まねえべ」

鈴鹿「……」

大吉「好ぎだがら…幸せになって欲しいがら…悩むんです。元夫婦間の友情を壊したぐねえんです。春ちゃんも好ぎだ、鈴鹿さんも…んでもやっぱり俺ぁ、安部ちゃんなんです」

×　　×　　×

軽食＆喫茶リアス。（回想戻り・現在）
ひとりコーヒーを飲む安部。そわそわ見守るアキ。

安部「……」

アキ「……」

×　　×　　×

アキ「安部ちゃんのどごが好ぎなんだ？」

大　吉「…う〰〰ん」

忠兵衛「煮え切らねえ野郎だな、それでも男が！　この！（頭殴る）」

夏「忠兵衛さんっ！」

大　吉「まめぶと一緒です、甘いのが辛いのがも分がんねえのに、だんだん好ぎになってしまった。理由なんか、忘れづまった」

北鉄・車両内（回想戻り・現在）

沿道の人々の笑顔に胸打たれる大吉。

大　吉「見ろよ、吉田くん、みんなの笑顔、試運転だっつうのに、こんなに暖かぐ迎えられるどはなあ」

吉　田「そうですねえ、駅長（半笑い）」

大　吉「みんな北鉄が好ぎなんだなあ」

吉　田「本当ですねえ、駅長（半笑い）」

車両を指さして爆笑する鈴木のばっぱ。

大　吉「（さすがに不安になり）…笑い過ぎでねえが？」

天野家・居間（回想・前夜）

大　吉「…決めだ！　試運転終わったら、再婚すてけろって言うべ！」

夏「言えんのが？」

大　吉「い、い、言えんのがぁ？（自問）」

軽食&喫茶リアス（回想戻り）

アキ、窓から外を見て、わざとらしい大声で、

アキ「じぇじぇじぇ！　安部ちゃん、あれ見で！」

安　部「なになに？」

試運転を終えた車両が返って来る。

驚き、思わず駅舎へ飛び出す安部。

安　部「…大吉っつぁん」

車体にペンキで大きく文字が描かれている。

『安部ちゃん、オラど結婚してけろ！　大吉』

大吉、そうとは知らず列車から降りて、身だしなみを気にしながら、駆け足でホームから階段へ。

アキ「いがったたな、安部ちゃん」

安　部「（頷き）…アキちゃん…ありがど」

とアキの手を握る安部。

アキ「!!」

アキ、ペンキで汚れた手を背中に隠し、

アキ「…なんでもね（笑）」

息を弾ませて来る大吉、慌ててリアスに戻る安部。

大吉「…安部ちゃん」
安部「はい…（と言いながら窓の外をチラチラ見る）」
大吉「落ち着いで聞いでけろ。オラど…オラどもう一回」
安部「……（窓の外をチラチラ）」

あんまり窓の外を見るので大吉もつられて、

大吉「どご見でんだ（見て）じぇじぇじぇ!!」
安部「こちらこそ、よろしくお願いします、大吉っつぁん！」
大吉「あ…うん。ちょっと誰!? あれ描いだの、誰え!?」

真ん中の仕切りが開いて、常連客達が一斉に現れ「おめでとう！」「おめでとう！」と拍手喝采。

中心にいる鈴鹿、夏、忠兵衛。

大吉「なによお！ もう、鈴鹿さん、夏ばっぱ」
鈴鹿「おめでとう、大吉さん！」
忠兵衛「よく言った大吉！」
大吉「まだ言ってねえよお！ 言わせでよお！」
安部「……」
アキ「……」
春子N「とりあえず…おめでとうしか、言えねえ」

（第26週第152回、シナリオ2：668-673）

PART Ⅳ

第7章　神観念

一人ひとりの人間は、人間と自然との関係のうちで、何とか生きていこうとする。そのように自然との関係において生きる努力のうちで、人間はこの関係の「調和」を願う。そのことによって、自分が自分であることを見出そうとする。そのとき、人間はこの「調和」の実現を神に願うことがある。

アキは、自分の力で獲った最初のウニを海の神に捧げた。そのようにして、海の神に「調和」の実現を願ったことであろう。

しかし、そのことの意味を知るところにまでたどりつくまでには、海の危険に遭遇する経験をしなければならなかった。そのとき、アキにとって最初のウニを海の神に捧げたことには切実なものがあったであろう。

スナック梨明日&天野家（カットバック）

［…］

アキ「なあに？」
夏「今日、組合長ど喋って、そろそろ潮の流れが変わっから、アキは明日がら夕方4時までな」
アキ「ええ!?　1時間しか潜れないじゃん」
夏「しゃあねえべ、安全第一だ」
アキ「みんなは？」
夏「みんなは今まで通り6時までさ」
アキ「え〰〰？　なんでアキばっかり！」
夏「危ねえがらだ、1時間で足んねえなら、学校サボって……」
春子「ダメよ！」
夏N「アキは、いよいよ焦っていました」

袖が浜・岬（日替わり）

美寿々にくっついて潜るアキ。

夏N「9月に入ると水温は日に日に低くなり、潜れる時間も短くなります」

先に上がった美寿々のヤツカリ（腰網）には大量のウニ。
しかしアキのヤツカリには一個も入っていない。

美寿々「（見かねて）持って帰る？」
アキ「（首を振る）」

夏　Ｎ「このまま夏が終わってしまったらどうしよう……ウニひとつ満足に獲れないで、果たして海女と言えるのか……」
再び奮起し、海に入って行くアキ。
かつ枝「これアキ！　ちょっとは休まねえど、足取られっぞ」
弥　生「まだ若えがら大丈夫だ（遠くに）入り江がら外さ出んなよ、潮の流れ急だがらなぁ」
と、美寿々が獲って来たウニを割る弥生とかつ枝。

海の中

ウニを探して遊泳するアキ。

ようやく海藻の間にウニを発見し、懸命に潜り手を伸ばす……が、その拍子に鈎を落としてしまう。
ア　キ「!!」
拾おうと手を伸ばした瞬間、潮に流されるアキ。
海中で必死でもがく。
流れがおさまり、息継ぎしようとするが、体が動かない。
アキの足に昆布がひっかかっている。
アキ、息が苦しくなり、必死に海面を目指す。
しかし海面寸前で止まってしまう。

あわてるアキ、手足をバタバタ動かす。

夏 N「初めての経験でした。すっかり体の自由を奪われ、浮き上がる事すら出来ません」

袖が浜・岬

夏がやってくる。

夏「アキは?」

弥 生「アキは、そこに」

3人、振り返るが、アキはいない。

3 人「!」

夏、海面を探すと遠くに泡を発見。

夏「あそこだ!」

言葉に反応した美寿々が飛び込む。

海の中

アキ、昆布に気づき取ろうとするが、あわてて取れない。

あきらめ、無理やり上がろうとするが、体は止まる。

水面はすぐそこなのに届かない。

息が続かずアキは口を開けてしまい、がぼがぼ水が入る。

必死でもがくアキ。とその時、足元の昆布を切る手が。
急に体が軽くなり水面へ。
ぷはっと水を吐き、大きく息をする。
美寿々も浮かび上がり、アキの体を抱える。

美寿々「大丈夫か？」

アキ「……はぁ、はぁ、はぁ、ありがと、美寿々さん（笑）」

漁協

春子と安部が飛び込んで来ると、ストーブに囲まれ暖をとっているアキ。

春子「……アキ……あんた大丈夫なの？」

アキ「ごめんママ、ちょっと沖に流されただけだから」

安部「ケガしたって聞いたから」

アキ「違う違う（笑）足に昆布が絡まっただけ、もう大丈夫」

黙って聞いていた夏、突然烈火のごとく怒り出す。

夏「笑い事でねえど!!」

アキ「……（唖然）」

夏「アキ、夕べ何つった？　4時んなったら上がるって約束したべ」

アキ「ごめんなさい……でも美寿々さんも一緒だったし」

夏　「言い訳すんでねぇ！　なんぼ美寿々でも波に飲まれだら、助けらんねえぞ！　しかもおめ、入り江の外さ出だな」
アキ「……だって……あっちの方が、ウニもいっぺえいるし……」
夏　「危ねがらオラ達も滅多に獲りに行がねえ、だがらいっぺえいるんだ！　オメみでえなあまちゃんには100年早え！」
アキ「……（泣きそう）」
弥生「まあまあ夏ばっぱ、目ぇ離したオラ達にも責任あっから、今日のところは」
夏　「アキ、オメぇもう浜さ来んな」
アキ「え、ええ？」
夏　「出入り禁止だ」
春子「（動揺し）……母さん？」
夏　「海をナメでかがるヤツ、目上の人間の言うごど聞げねえヤツぁ潜る資格ねえ、海女失格だ！」
と言い残して、出て行こうとする夏。
かつ枝と長内、黙って聞いている。
［…アキが潜ることを許すかどうかについての春子と夏との言い争い］
（第3週第14回、シナリオⅠ：135-139）
海女のシーズンが終わりに近づいて、アキはもう一度潜る許しを夏に請う。アキとしては自分が自分であるために必死である。

漁協

夏たちが入って来ると、短パン、ハチマキ巻いたアキが立ち上がる。傍に春子も。

美寿々「……アキちゃん」
夏「何の用だ？　来んなって言ったはずだぞ」
春子「ほら（促す）」
アキ「夏ばっぱ……やっぱオラ、潜りでぇ」
夏「……」
アキ「海さ潜ってウニ獲りでぇ、このまま海女やめだぐねぇ。だがら……まだ教えでください！」
夏「ダメだ」
アキ「……」
夏「おめぇは海をナメでる、まだガギだ、すぐに図に乗る、まだ波さ飲まれで溺れる」
アキ「もう、ぜってぇ溺れねぇがら」
夏「ダメだ」
アキ「なすて？」
夏「海女である前に、おめぇはオラの大事な孫だ……死なれだら困る」
アキ「……ちゃんと言うごど聞ぐがら、ぜってぇ無理はしねぇがら」

夏　「ダメなもんはダメだ」
アキ　「……」
かつ枝　「……もしオラさ気ィ使ってんのなら、いらぬお世話だぞ、夏ばっぱ」
　一同、押し黙る。
春子　「え、なに？　なんでかつ枝さんに気ぃつかうの？」
長内　「そうが、春ちゃん知らねんだな」
かつ枝　「（笑って）おらどごの倅も、波に飲まれだのっしゃ」
アキ　「……え」
春子　「……克也くんが？　いつの話？」
かつ枝　「16年前が？　生ぎでだら、今年35だ」
春子　「え!?」
夏　「波さ飲まれで死んだ」
アキ　「……（絶句）」
長内　「ほれ、ここさ居だ」
　壁に飾ってある漁師の記念写真を指差す。
　笑顔で写っているかつ枝のひとり息子、克也。
かつ枝　「地引き網の漁師でな、シケだの、嵐だの、なんべんも危ねえ目に遭って、それでも助かって。母ちゃん大丈夫だ、オラぁ悪運が強えがら〜なんて笑ってだんだげど」

長　内「あっけねえもんだったなあ」

袖が浜の岬（回想・16年ほど前）

海面に子供のビーチサンダルが浮かんでいる。
防波堤で泣いている女の子、他に子供達。
釣竿を担いだ克也（19）が通りかかり、

克　也「なんだ、わらす、なに泣いでんだ？」

海面に浮かぶビーチサンダルを指差す子供達。

克　也「（笑って）よっしゃ、おにいさんが取って来てやっから」

防波堤を降りて、テトラポットを伝って海面を目指す。

×　　×　　×

数時間後、夜。
打ち上げられた克也の遺体にすがりつくかつ枝。
長内、呆然と立ち尽くし、涙も出ない。夏や弥生らも遠巻きに見るしかない。

漁協

長　内「分がるが？　アキ、毎日のように漁さ出でる船乗りでも、たった一瞬の油断で、飲まれでしまうんだ」

春　子「そう言えば……そう言えば見ないなって思ってたの」
かつ枝「そういえば、見ねえだろ」
春　子「……ごめん、かつ枝さん……ぜんぜん知らなかった」
かつ枝「いやいや、もうオラ達も、普段はほとんど忘れで暮らしてんだが……この季節、海さ入えってると……やっぱ思い出すんだ」
夏「いいがアキ、オメぇみでぇなあまちゃんが、ウニ1個、獲れでも獲れなくても、五百円の違いしかねんだ。そのたった五百円のために、おめぇ危うぐ命落どすところだったんだぞ」
アキ「……ごめんなさい」
夏「たった五百円ど引き換えに命まで奪うのが海だ、甘く見るんでねえ！」
アキ「ごめんなさい！」
夏「残された人間の辛さを考えろ、先輩達の言うごど聞ぐが？」
アキ「はい！」
夏「入り江がら外さ出ねえが？」
アキ「はい！」
夏「……よし（立ち上がり）そんならこうすっぺ。どっちみち今月で海女のシーズンは終わりだ、今月中にウニ1個でも獲れだら、おめぇを海女どして認めでやる」
アキ「やったあ！」
夏「その代わり、獲れねがったら二度ど潜らせねえぞ」

アキ「じぇじぇじぇ!?」
かつ枝「よおし、オラ達もアキがウニ獲るまでは潜っぺ」
美寿々「んだな、しゃっこいだの、潮が速えだの、言ってらんねえ、明日からビシビシ行ぐど」
アキ「はいっ!」
夏N「こうして、アキはめでたく謹慎が解け、海女クラブに復帰しました」
（第3週第18回、シナリオ1：170-172）

このようにして、アキは自分が自分であるためには約束を守ることが必要であると分かったわけである。そしてウニ1個を獲ることを目指す。

海の中

［…］
いつの間にか、海の底近くを泳いでいるアキ。
目の前に昆布が密集し、ウニが見え隠れしている。
アキ「……」
ゆっくり手を伸ばすアキ。
初めてウニに触る。しかし摑めず、ウニはさらに奥底へ落ちて行く。
アキ「!!」

近くを泳いでいた安部、アキを助けようと近づいて来る。

アキ、息が苦しくもがき始める。

安部、見かねてウニに手を伸ばすが、アキ、その手を払いのけるようにして、最後の力を絞って潜る。

海上

顔を出すアキ。投げ込まれる浮き輪。
長内「だいじょぶかあ！　アキ！」
アキ「……はあ……はあ……はあ……」
安部も近くに顔を出し、
安部「アキちゃん！」
アキ「やったあ！」
右手を高々と上げるアキ。その手にはウニがしっかりと握られている。

監視小屋

双眼鏡で見ている夏。ニヤリと笑う。
夏「……」
春子「なに、獲ったの!?（と奪う）」

海上

岩場から見守っていた海女たち歓声を上げる。

美寿々「アキちゃん！　よぐやったね！」

かつ枝
弥　生「アキ――っ！」

ヒロシもビデオカメラを構え、

ヒロシ「おめでとう！」

アキ「（会心の笑顔）」

漁協

海女や地元の婦人部が、収穫したウニを手に一列に並んでいる。

長内「おー、さすが美寿々ちゃん、今年は液晶テレビ買えっぺ」

と、数万円の現金を渡す。

安部「お願いします」

大吉と菅原が走って来て、

大吉「アキちゃん、ウニ獲れだんだって！？」

アキ「大吉さん」

大吉「いがったなあ、これで一人前の海女さんでねえが！」
夏「大袈裟だなぁ、たかがウニ獲っただけだっつのに」
菅原「いやいや大ニュースだっぺ、さっそくホームページさアップすっぺえ足立くん！」
長内「はい、安部ちゃんには、俺からの餞別もつけで……長い間、ごくろうさん」
と、数万円を手渡す長内。
安部「ありがとうございました！」
春子「ほら、アキの番だよ」
と、促されアキ、長内の前に立ち、ヤツカリからウニを1個だけ出す。
長内「……うん。じゃあ天野家は今年は500円！」
と、500円玉を手渡す。
アキ「……ごめん」
春子「なにが？」
アキ「だって、お婆ちゃんだったら何万円も……」
夏「銭が全てじゃねえ、おめが初めて自力で獲ったウニだ、天野家にとっちゃ一生もんだべ」
アキ「(笑) あ、ユイちゃん！」
ユイが走って来て、
ユイ「アキちゃん！」
アキ「ユイちゃん！　やったよ、ウニ獲ったよ！」

ユイ「どれ、見せて見せて！」

アキ「組合長どれ!?」

長内、大量のウニが入ったバケツを見る。

ユイ「え!?　混ざっちゃったの!?」

長内「いや、ちゃんとござあるじゃ」

と、1個のウニを台に載せる。

夏N「アキが獲った、たった1個のウニは、海の神様に奉納されました」

神が浜（夕方）

神棚にウニが1個、供えられている。

海に向かって手を合わせるアキ、夏、春子、海女達。

夏N「こうして、海女のシーズンは静かに幕を閉じたのです」

（第4週第24回、シナリオ1：223-225）

海の神は、漁師たちにとって航海の安全を守ってくれる神であり、豊漁を恵んでくれる神であろう。漁師たちを陸で待ちつつ海に潜ってウニなどを獲る海女たちにとっても、同じく海の幸を恵んでくれる神であろう。（文献資料6）

この神観念においては、神自身が必ずしも津波を起すというようには捉えられていないように思われる。では、海の神は海の「不調和」とはどのように関係するのか。海の神は、潮の干満などを起こす働きをする。そのことから言えば、海を支配する神と言えなくもない。しかし、潮の干満などは自然の働きであって、「不調和」というような捉え方をする必要がないと思われる。その海の神が津波あるいは洪水のような形で人間に対して懲らしめの意志を示すのかどうかは不明である。

いずれにせよ、ここでの自然の働きが示す事態は、人間の次元を超えている。この事態を前にして人間にとってできることと言えば、祈りをこめて願うこと以外にはない。その願いとは、わずかにこの自然の中に安全に住むこと、さらに強調すれば静かにひっそりと住まわせてもらうことである。アキは、ウニのような海の幸を恵む海への感謝のために、はじめて獲ったウニを捧げる。アキの行為は、海の近くで生きていかなければならない海女というものの位置を端的に示しているであろう。そしてそれは、自然の中での人間の位置を一つの具体的な姿で表わしていると言えよう。自然の働きのうちに神の意志の表現を見る神観念とは異なり、自然との関係において人間の位置をより適切に示しているかもしれない。

津波災害は、人間にとっては自然との関係における「不調和」であろう。しかし、これは人間の次元において捉えられたものであるにすぎない。というのは、ここでの「不調和」とは自然の次元においては自然そのものに含まれるものであろうからである。それは、自然の働きをそれなりの仕方で構成するものであろう。「空」の立場から見れば、それもまた「色」の一つであろう。自然の次元においては、全体の秩序が「調和」として捉えられるならば、そのような「調和」を作り出す一局面として、「不調和」というものも存在するのかもしれない。

第8章　音楽

3・11によって現実が「不調和」の状態にあるならば、このドラマでのアイドルの歌は、そこから「調和」を作りだそうとする歌であろう。

このように、このドラマの内容が「不調和」から「調和」へのプロセスとして捉えられるならば、このドラマはミュージカルであるというわけではないけれども、その根本性格として一つの〈音楽劇〉であることになるであろう。というのは、「調和」とは音楽においてもっとも根源的に現れるであろうからである。そのように理解するならば、このドラマの中での音楽は〈音楽劇〉を構成するものになるであろう。（註6）

地元アイドルは、地元での「調和」への取り組みの象徴の一つである。彼女たちは、この取り組みの一環としてその音楽活動で共同体の人間たちを楽しませ、そして励ます。彼女たちの音楽活動は、たとえば歌によって内容的にも「調和」がどのような形をとるのかを示唆することで、「調和」への人間たちの歩みを支えるであろう。そのような支えがあることによって、地元での「調和」は作り出されるであろう。

このドラマにおいて、クラシック音楽の場合とは音楽のジャンルは異なるにしても、同じく「調和」が主題となる。つまり、アイドルの歌・映画の主題歌などの歌謡曲という形で音楽が「調和」を作り出す意味を獲得する。

音楽（歌）による「調和」（世界の「調和」の一部としての音楽による「調和」＝和声）が音楽（歌）によって表現される世界へと働きかけることになる。音楽（歌）そのものを越えた世界は、被災によって人間たちにとって「不調和」と言わざるを得ない状態にある。この状態のうちにありながらも、「調和」を実現する方向へと人間たちは向かうのである。音楽における「調和」は、音楽を越えて人間たちを「調和」へと向かわせるであろう。ただし、それは自然のうちでも非常に小さく限定された人間の次元において可能なかぎりでのことであるが。

自然の「不調和」そのものを変えることは、人間にとってはおそらく不可能であろう。しかし、自然のうちでの「不調和」がなくなる方向へと少なくとも人間の次元で努めることは可能ではないだろうか。災害そのものは避けられないとしても、できるだけ被災を小さくすることは可能であり、そのように努めることが不可欠である。そのような努力によって人間たちは、「空即是色」のプロセスをたどることであろう。

「空即是色」のプロセスの結果生じる「色」も、「色即是空」における「色」と同じく多様であろう。しかし、「色即是空」において示された否定的な事態に対して、人間の次元で可能なかぎり、適切な仕方で「色」を与えることが求められる。この「空即是色」のもとでの「色」は、いわば自覚的な集団的実践によって生まれるであろう。その主体となるものは、当の被災した人間たちであろう。新しい「色」を作り出すことによって、復興が具体的な形をとることであろう。その際、このドラマにおいてはとりわけその中で音楽（歌）の役割に焦点が合わされているのである。ここに音楽の本質が問われることになる。

音楽の本質としてピュタゴラス派の音楽観以来の「調和」が目標とされる。すなわち、近代の音楽において「和声」に限定された「調和」の捉え方から、その音楽による限定を越えて、「調和」はたとえば共同体の「調和」という意味を獲得するのである。音楽における「調和」の限定された範囲を越えた「調和」一般について捉えた上で、音楽における「調和」を位置づける必要があろう。

「調和」とは諸物の関係の一つの在り方である。それは諸物の存在を前提している。それら諸物が相互に共存するかぎりで、「調和」が成り立つ。すなわち、諸物がそれぞれ異なりながらも、それらの相互関係のうちで諸物が共存している状態を「調和」と呼ぶことができよう。その反対は「不調和」であり、そこでは諸物が共存できない状態のことであると言えよう。もともとの原義ではピュタゴラス派の音楽観における音の比例関係が諸物の存在秩序として貫かれているとされる。この音楽観を「天球のハルモニア」（文献資料４参照）にまで拡大することについてはともかく、音楽そのものからは離れて「調和」を諸物の存在秩序とすることをゆるやかに受け容れることにしよう。そのことによって、「調和」は音楽のうちではもちろんのこと、音楽以外の諸物にもその存在が及ぶことになり、要するに諸物の関係の一つの在り方を意味することになる。

○『いつでも夢を』

『いつでも夢を』は、このドラマの最初から海女クラブの歌のように歌われてきた。若き日の夏が橋幸夫とデュエットした思い出の曲である。東京に出てきた夏は橋幸夫とふたたびデュエットすることができ、年来の願いを果たすことができた。この歌を歌うことで海女たちはそこに自分の居場所を見出していたのであろう。歌詞は歌い手から呼びかける（「あの娘」の言っていることを伝える）形であるが、これは歌い手自身が自分自身に呼びかけることにもなるであろう。海女たちは手術を受けている夏を思い、彼女を励ますために、また彼女の無事を自分で確信するために、病院中に（「星よりひそかに」ではまったくなく）響き渡るようにみんなで歌う。終いには春子もこれに和するようになる。なかなか感動的なシーンである。夏の手術の成功を祈って歌を歌ったことをいい大人の海女たちが医師に叱られるのがおかしい。叱られた後手術が成功したと告げられ、泣き笑いする。このシーンと並行してリメイク版『潮騒のメモリー』が撮影されており、娘役のアキのセリフが母親へのわびの言葉を述べるシーンが挿入されている。春子が母・夏のことを自分が知らな過ぎたことを後悔しており、内容的に重なっている。脚本上の二つの事柄の相関は歌が人間たちを結ぶことを示している。（註7）

春子の声「私、大っ嫌いだったのよ、あの歌、いつでも夢を」

病院・待合室（一部、奈落とカットバック）

春　子「毎年、海開きの朝になると、ほら漁協の、音の割れたスピーカーから聞こえてくるじゃない」

×　×　×

インサート（回想・〈第1週〉第3回〔シナリオ1：38参照〕）漁協前。
スピーカーから『いつでも夢を』とかつ枝のアナウンス。

かつ枝「おはようございます！　本日は7月1日、袖が浜海岸海開きです、海女クラブの皆さんは…」

×　×　×

春　子「うんざりするのよ、あれ聞くと！　いい年したおばちゃん達がさあ、なに朝っぱらからはしゃいでんのよって…ごめんね？　だけど…今聞いたら多分違うよね」
［…］

春　子「もし夏さんが、橋幸夫のファンだって知ってたら、ちょっとニヤニヤしながら聞けた気がする」

×　×　×

フラッシュ（回想）無頼鮨で歌う夏と橋幸夫。

2　人「♪言っているいる　お持ちなさいな
♪いつでも夢を　いつでも夢を」

×　×　×

春　子「そういうのが…いっぱいあるのかなぁと思うと、なんか悔しいな」
［…］

春子「どうしよ…もし、このまま目覚めなかったら、夏さんのこと知らなすぎて泣けないよ、情報量
が少なすぎて涙も出ないよ」

黙って聞いていた弥生、呟くように、

弥生「♪星よりひそかに〜　雨よりやさしく〜」

春子「え？」

かつ枝、美寿々、花巻が追いかける。

かつ枝・美寿々・花巻「♪あの娘は〜いつ〜も　歌ってる」

春子「ちょ、ちょっと、ここ病院だよ！」

弥生「いいから、春ちゃんも歌うべ」

春子「知らないし、嫌いだって言ったじゃん」

弥生「じゃあ、ユイちゃん」

ユイ「♪声がきこえる〜」

春子「じぇじぇ！」

海女たち「♪淋しい胸に〜　涙に濡れた　この胸に」

春子を促すように歌う海女たち。

×　×　×

太巻「はーい、じゃあ次」
アキ、立ち上がり、渾身の力で叫ぶように、
アキ「母ちゃん、親孝行できなくて、ごめんなさい！」
×　×　×
一同「（大声で）♪言っているいる　お持ちなさいな～」
ドアの向こう、医師が険しい顔で近づいて来る。
ユイだけが見つめている。
春子「（ようやく）♪いつでも夢…」
「…」
ユイ「（遮り）見て！」
春子「なによ！」
ドアが開く。一同、固唾を飲んで見守る。
医師と看護師が出て来て、神妙な顔つきでマスクを取ると開口一番、
医師「…うるさいよ！」
一同「!?」
医師「あんだがだ歌ってだでしょう、ダメ！　絶対！」
大吉「あ、あ、あ、すいません」
弥生「んでも、暗い歌ならともかぐ、なあ？」

かつ枝「んだ、元気な歌だがら、いいがど思って」
医　師「絶対ダメ！　もう、終わってだがらいいげど」
春　子「…先生」
医　師「成功でがす」
安堵し、感嘆の声を漏らす一同。
春子、その場に崩れ落ちる。
（第21週第121～122回、シナリオ2：417-420）

歌が人間たちを結ぶ力を発揮するのである。「和声」という制約を越えて、「調和」が作り出される。人間たちを結ぶものは「夢」である。そのことによって、新しい「色」が、つまり「空即是色」であることが示されるのである。

○『潮騒のメモリー』

『潮騒のメモリー』は、フィクションによる歌謡曲である。それは、ドラマの音楽の側面を構成するもの（1986年の同名の映画のものという設定である。第11週第63回、シナリオ1：549-552 参照）として登場する。ドラマの中で言われるように、三島由紀夫（1925-1970、同カバー参照）『潮騒』を想起させる。（文献資料7）

この小説について言われるまでに、一連のシーン（ドラマ1回分）が重ねられている。ここでは

「地元アイドルによる町おこし」における当の「地元アイドル」形成のプロセスが始められる。

アキには、お座敷列車のためにこの曲を歌うといういわば社会的な目標が与えられる。その歌声が大人たちにとって何とも言えない状態であることから、ユイとともに弥生による歌唱指導を受けることになる。弥生ならではの特技の発揮で大人たちの体制も整うのである。そしてアキは歌うことにかなりの熱意で取り組むようになる。さらにアキは種市と念願のデートができる（と思った）そのデートのとき、焚き火の前で彼から当の小説について教えられ、今度は自分が小説の主人公そのものになりきって火を飛び越えようとしてしまう（ただし、娘と若者との位置は逆であるが）。このようにして、いわばこの曲を歌う主体的な動機づけがなされるのである。

そのことと並行してそのデートとの関わりから派生的にまわりの人間たちにはいろいろな波紋が生じていく様子が重層的に描かれる。たとえば、種市はアキに自分のユイへの気持ちを話しそうになったのに吉田による消灯でできなくなり、その後舞い上がったアキに話す機会を（落とした携帯を探しに来てそれを見つけた吉田に「火の用心」と言われて）失ってしまう。ヒロシはアキのデートに複雑な思いを抱き新しい相手栗原を見つける。ユイは種市にアキとデートをするように半ば要求したが、その後の成り行きにやや戸惑いを感じつつ、大人たちのデートスポットの話題から東京・原宿の話題への流れの中でアイドルについて詳しそうな水口に注目するようになる。

これらは、当の曲を歌うことをめぐってドラマのふくらみをなし、その後のドラマの展開の基盤になっている。これらのうちに、音楽そのものではないけれどもその外側にあって「調和」の形成されるべき内容の広がりが示されているであろう。

軽食&喫茶リアス

緊張気味にマイクを握っているアキ。

夏　Ｎ「北鉄の存続をかけて企画されたお座敷列車。それに先駆け、アキの歌唱力を試すことになりました…」

アキ「あーあー、てすてす、あー」

夏　Ｎ「果たして、アキの歌声は、北鉄を救えるのでしょうか」

歌い出すアキ。固唾を飲んで見守る大人たち。

アキ「♪来てよ　その火を　飛び越えて〰〰」

夏　Ｎ「…なんとも言えません」

×　×　×

数分後。歌い切ったアキ。勉さんだけが拍手する。

吉　田「うーん…なんだろう、笑えるほどヘダでもねんだよな」

アキ「ありがとうございます！（嬉しい）」

吉　田「あれ？　今褒めだ？」

ヒロシ「でも、一生懸命なのは伝わりましたよね」

アキ「でも？（不服）」

ヒロシ「あれー？　今褒めたのに」

ユイ「選曲ミスじゃない？　ポニョとか歌えばよかったのに」
大吉「…まあまあ、でも、素人っぽくて俺は好ぎだ」
ちょうど買い物から帰って来た弥生。
弥生「誰だ？　今歌ってだの、外まで聞えだぞ、ジャイアンリサイタルがど思ったべ……あ、アキが」
ユイ「あ、あの、私も聴いてもらっていいですか？」
大吉「え⁉」
ユイ、リモコンで入力しながら。
ユイ「アキちゃんの歌聴いてたら、なんか危機感っていうか、私ちゃんとしなきゃって気がして」
イントロ流れる『時をかける少女』。
大吉「お、これは期待していいんだよな」
ヒロシ「ええ、ボイストレーニングとかやってましたから」
ユイ「♪あなた、私のもと〜から〜」
夏N「…やはり、何とも言えません」
×　×　×
数分後。歌い切ったユイ。勉さん泣きながら拍手。
大吉「うーん（頭抱え）お座敷列車、大丈夫がな」
ユイ「え、どういう意味？」
吉田「確かに、盛りがってる絵が浮がばない」

ユイ「こう見えて本番には強いんです！」
弥生「とりあえず、2人とも毎日ここで練習しろ」
アキ「じぇ！」
弥生「オラが歌唱指導してやっぺ」
ヒロシ「弥生さんが？」
ユイ「え!?　どっちかって言うと春子さんの方が」
春子「なに言ってんの？　弥生さん、民謡のお師匠さんなのよ」
アキ「じぇじぇ!?」
春子「ジャズもシャンソンも歌えるんだから、北三陸の越路吹雪って呼ばれてたのよ」
弥生「百聞は一見に如かずだ」
と、『愛の讃歌』歌う弥生。
弥生「♪あ――なた――の、燃える――手で――」
夏N「こうしてアキとユイの歌唱指導は弥生さんに決まりました」

北三陸高校・潜水土木科・実習室（日替わり）
授業中。磯野が種市をモデルにして授業している。
夏N「3月、種市先輩が実習に来てくれるのも、あと数日」
磯野「…つまり、たえず送り込まれる空気を抜ぐために、小刻みに首を動がし、後頭部の弁を開閉します、種市くん」

種市「はいっ！」

見本を見せる種市。

アキ「……」

夏Ｎ「でも、種市先輩はなぜか近ごろ素っ気ない。資格試験に合格したらデートしようって言ってくれたのに」

×　×　×

インサート（回想）実習室。

アキ「…ダメですか？　私、そのために頑張ったんですけど」

種市「頑張りゃいいってもんじゃねえべ」

×　×　×

夏Ｎ「あれは…どういう意味だったのだろう」

磯野「天野、おい天野！」

アキ「…あ、はい」

磯野「お前のためにやってんだぞ、くぬやろ、すぐプカーって浮がんで来んだがら、前さきてやれ」

アキ「は、はい」

首をカクカク動かしながら、空気を抜く動作を繰り返す磯野とアキ。

磯野「違う、それじゃビートたけしでねえが！　コマネチが！」

アキ「だって、先生も」
磯野「俺の真似なんかすんじゃねえ、バカやろう」

北三陸駅・駅舎

通りかかる種市をユイが呼び止める。

ユイ「待ちなさいよ！」
種市「!?」
ユイ「どういうつもり!?」
種市「…なにが」
ユイ「とぼけないで！　アキちゃんに、頑張ってもしょうがないって言ったんだって?」
種市「…ああ」
ユイ「なんでそんなヒドイこと言うの！」
種市「…そっちが、こないだ『頑張るっていう言葉が大嫌い』って言ったがら」
ユイ「私の言うことなんか信じないでよ！　ああもう世話が焼ける、1回ぐらいデートしてあげればいいじゃん！」
種市「……」
ユイ「そっち?」
種市「なんだよ」

ユイ「自分のことは、自分て言うくせに、私は『そっち』なんだ、なに？　方角!?」
種市「じゃあ、なんて呼べばいいんだよ」
ユイ「知らないわよ、自分で考えて！」
種市「ユイ」
ユイ「（驚き）…はい」
種市「……」
ユイ「なんなのよ！　もう！　用もないのに呼ばないでよ！」

軽食&喫茶リアス

店に入って来るユイ。アキが、弥生の歌レッスンを受けている、他にヒロシ、勉さん。

弥生「違う違う♪来て〜よ〜、の音程が違う」
アキ「♪来て〜よ〜」
弥生「アキ、音程高くなる時に白目剥く癖は直せ、怖えがら」
アキ「弥生さんも白目になってるべ」
弥生「オラの真似しなくていいから！　次、ユイちゃんいくよ」
ユイ「はい！」

北三陸駅・駅舎

アキが店から出て来ると、種市がベンチに座っている。

種市「…よお」

アキ「先輩」

種市「ちょっといい？　…大事な話あるんだけど」

アキ「じぇ!?」

種市「いや、別に今じゃなくてもいいんだけど…」

アキ「か、かばん取って来ます！」

軽食&喫茶リアス

慌てて駆け込みカバン掴んで出て行くアキ。

弥生「お、おい！　どごさ行ぐレッスン中だぞ」

アキ「デート！　ごめん、また明日！」

ユイ「デートって…え!?」

複雑な思いで、アキの背中を見送るヒロシとユイ。

ヒロシ「……なんだよ」

ユイ「…べつに（目をそらす）」

観光協会（夕）

栗原、誰もいないのをいいことに、ガラスに体を映してダンスを踊っている。

栗　原「げっげげっ、げっげげっ、げげっ……違うんです！」

入口のあたりに立って見ていたヒロシ。

ヒロシ「…え、なにが？」

栗　原「違うっていうか、やだっ！　誰も居ないから、解放的な気分になっちゃって、ＴＭＮＥＴＷＯＲＫのＧｅｔ Ｗｉｌｄに合わせて踊ってました！　合わせてっていっても、頭の中で鳴ってる音に合わせて…だから…死にたいっ！」

ヒロシ「…飲み行きませんか？」

栗　原「…是非」

北鉄の整備用車庫・入口（夜）

鞄を置いて、ドアを開け、忍び込むアキと種市。

種　市「いいのが？　勝手に入って」

アキ「だいじょぶ、まだ電気点いでるし、下見だがら」

種　市「下見？」

車両内（夜）

お座敷列車用に改装中の車内に入るアキと種市。

アキ「うわあ、ずいぶん出来上がってる…ここで歌うんです、ユイちゃんど2人で」

種市「…へえ」

アキ「だから毎日歌教わってるんです、ユイちゃんど…」

種市「…仲いいんだな」

アキ「はい、だって親友だもん」

種市「……」

アキ「初めでユイちゃんと喋ったのも北鉄の中だったなあ…（角に立って）ここさ立って本読んでだ。近寄り難え雰囲気だったけど、喋ってみだら気が合ったんだ」

種市「あの、天野…実は俺…」

と言いかけた時、電気が消える。

アキ「じぇえっ！」

と思わず種市の腕に掴まるアキ。

車庫（夜）

鼻歌唄いながら消灯＆戸締りする吉田。

スナック梨明日（夜）

大吉「デートって…いいの？　春ちゃん、行がせで」
春子「種市くんなら心配ないでしょ」
水口「このへん、デートって言ったらどこ行くんですか？」
勉「ないねー、国道沿い走ってだらモーテルばっかりだもんね」
春子「ちょっと勉さん！（と、ユイを気にする）」
ユイ「別に平気っすよ」
大吉「場所なんかどうでもいいんだよね、若いうぢは」
勉「そうそう、お互いの気持ぢが高まれば」
2人「へへへへへへ」

車庫（夜）

種市、ドアや窓を開けようとして。
種市「…参った、携帯だげでも、ポケットさ入れでおぐんだった」
見ると、アキが一斗缶の火に廃材をくべている。
アキ「なんか、寒いがら」
種市「……」

スナック梨明日（夜）

菅原が入って来て。

菅　原「あれ？　うぢのウェブ担当来てない？」

春　子「ヒロシくん？　ずいぶん前に帰ったけど」

菅　原「あっそ…え、なになに、なんの話？」

大　吉「このへんデートスポットが無いねって話」

菅　原「あー、国道沿い走ってだらモーテルしかねえすけな」

春　子「ちょっと！」

ユ　イ「平気っす」

菅　原「バイパス方面さ行げば、ゲーセンあるべ」

ユ　イ「うちら行かないです、ヤンキーのたまり場だから」

吉田が駆け込んで来て。

吉　田「戸締り完了しました～、なんの話？」

大　吉「デートするなら…」

吉　田「モーテルしかねえでしょう」

春　子「ちょっと！」

ユ　イ「さすがにイラっとしてきた」

吉　田「東京だと、どうなんですか？」

菅原「そりゃあ原宿だべ」
大吉「原宿のオープンカフェだべ」
春子「逆に行かないけどね、東京住んでると原宿とか」
ユイ「原宿には裏と表があるって本当ですか？」
春子「え？」
ユイ「芸能人はだいたい裏に潜んでるんですよね、表にいるのはスカウトマンなんですよね、竹下通りのクレープ屋さんに並んでるとスカウトされ易いんですよね」
春子「あー、よく知らないけど…」
水口「クレープ屋の辺りはキャッチも多いから気をつけた方がいいと思います」
ユイ「…え？」
黙々と琥珀を磨く水口を、何となく見るユイ。
吉田「あれ？（ポケット探り）携帯ねえ」

車庫（夜）

並んで焚き火にあたるアキと種市。
アキ「ありがとうございます」
種市「え、ええ!?」
アキ「頑張ればいいってもんじゃねえって、先輩言ったべ。あれ、いい言葉だなぁど思って」

種市「…あそう」

アキ「海女だって、南部もぐりだって、歌だって、好きなら頑張んなくても、自然にうまぐなるもんね、ていうが、好ぎなら頑張るの、当たり前ですもんね」

種市「…んだな」

アキ「出発、いづですか？」

種市「…3月18日、卒業式の次の日だ」

アキ「…お座敷列車の日だ」

種市「…天野と喋ってると、東京さ行ぎたくなぐなるなぁ」

アキ「え？」

種市「天野みでえに、この町を愛してるヤツは他にいねえ。自分が育った町を、さびれでるどが、遊ぶ場所が無えどが、悪ぐ言う奴ばっかりだ。自分は東京さ行ぐ。でもこの町を捨てるわけじゃねえ。ここが良い場所だって確認するために行ぐんだ」

アキ「……」

種市「天野は、なして潜水士になるべって思ったんだ？」

夏N「種市先輩と、少しでも一緒にいたかったから、とは恥ずかしくて、とても言えない…アキでした」

スナック梨明日（夜）

携帯を探す吉田。

吉田「すいません、誰が俺の携帯鳴らしてもらっていいですか?」
ユイが『潮騒のメモリー』を歌っている。
ユイ「潮騒のメモリー
17才は　寄せては返す　波のように」

車庫（梨明日とカットバック）（夜）

アキ「♪来てよ〰、その火を　飛び越えて〰」
種市「…あ、天野」
アキ「あ、お座敷列車で歌う歌です、潮騒のメモリー」
種市「…ビックリしたあ！　いぎなりおっきい声出すがら、完全にぶっ壊れだど思ったべ」
アキ「（笑）」
種市「潮騒って、三島由紀夫だべ？」
アキ「え？」
種市「三島の恋愛小説で、映画化もされだ名作だ。その火を飛び越えで来い！　ってのは、その中のセリフだ、そのあど、2人は抱ぎ合うんだ」
アキ「……」
種市「……」
不意に見つめ合う2人…と、突然携帯電話の着信音。

種市「わあっ！」

焚き火の向こう側に、吉田の携帯電話が落ちている。

種市「…びっくりしたあ」

と、焚き火の向こう側へ移動する種市。電話切れる。

種市「誰のだこれ…（振り返り）天野!?」

アキ、すでに目つきがおかしい。

アキ「その火を…飛び越えます」

種市「じぇじぇ!?」

種市とアキ、偶然焚き火を挟んで立っている。

アキ「その火を飛び越えて来いって、意味ですよね、先輩」

種市「いやいやいや」

アキ「天野、行きます！」

種市「お前が飛ぶのが!?」

アキ「はいっ！　天野、その火を飛び越えますっ！」

×　×　×

スナック梨明日。大吉がカラオケを入れる。

大吉「おし！　じゃあ次はオラが歌う！」

菅原「はいはい、ゴーストバスターズね」

大　吉「バガのひとつ覚えみてえに言うな、１９８４年と言えば、これがあるべ！」
ヴァン・ヘイレンの『ＪＵＭＰ』が流れる。
×　×　×
アキ「その火を飛び越えますっ！」
種市「やめろ天野、落ち着げ！」
大吉「じゃんぷ！」
アキ「飛びますっ！」
種市「だめだ！　来るな！　天野！」
大吉「じゃんぷ！」
アキ「先輩――っ！」
種市「天野おっ！」
大吉「じゃんぷっ！」
燃え盛る火めがけて走り出すアキ。
しかし、一瞬早く吉田が走って来て火を飛び越え、種市を突き飛ばし、携帯を拾い、壁のポスターを指し。
吉田「火の用心っ！」
種市「…すいません」
アキ「……」

（第8週第46回、シナリオ1：406-413参照）

○鈴鹿の自分探し

鈴鹿の「うつろいやすい音程」は春子の「影武者」問題を惹き起こした原因である。この原因を克服しようと鈴鹿は努める。ここには社会的な人間関係（芸能界で生き残るために鈴鹿は自分では自覚しなかったが、影武者を必要とした）の問題を越えた人格的な問題がある。自分が自分であることが鈴鹿にとってはこの音程のゆえにできないのである。「音痴」であることを克服するのか、それとも「音痴」であることをそのまま受け容れるのか、自分が自分であることを実現するための一人の芸能人としてだけではなくて、一人の人間としてのおそらく最後まで残るであろう人格的な問題である。この問題が解決されるならば、それはいわば「逆回転」の根源的な形であろう。つまり、生まれながらの資質を作り直すことによって自分が自分であろうとするのである。

鈴鹿は「鈴鹿ひろ美チャリティーリサイタルIN東北」を開き自分の声で歌いたいと言う。この鈴鹿に対して、春子はなんとか思い止まらせようとする。鈴鹿は春子・太巻・正宗3人の前で歌う。それを聴いて何とも言えない春子は、自分が歌唱指導するとして、リサイタルをやることにする。

スリーJプロ・オフィス

［…］

鈴　鹿「ようやく見つけたんです、私にできる事、やるべき事。もちろん今までも女優として、役を介して、東北の皆さんを勇気づけてきたつもりだけど…もっと直接、励ましたい、生身の鈴鹿ひろ美の、肉声をね、お届けしたいなって」

春子「リサイタルという事は…歌を、歌われるという事ですか?」

鈴鹿「もちろんです」

春子「歌わなきゃいけませんか? どうしても歌を」

鈴鹿「歌う以外の表現方法、あります?」

春子「ありますよ、朗読とか、ポエトリーリーディングとか、あと…詩吟とか? ねえ」

太巻「あると思います」

春子「むしろ被災地の皆さんも喜ぶと思うなあ、歌はほら持ち歌も少ないし、ブランクあるし」

鈴鹿「音痴だし」

春子「……」

鈴鹿「チャリティソングの依頼、断ったでしょう、無断で、傷つきました」

春子「どうもすいません」

太巻「僕は提案したんです、最悪、春子さんが代わりに歌って…(鈴鹿に睨まれ)どうもすいません」

鈴鹿「社長を責めてるわけじゃないの。ただ…あなたは影武者だったこと告白してスッキリしたかもしれないけど、私はまだ渦中にいるんです、ずっと闘っているんです、自分の…うつろいやすい音程と」

正宗「…う、うつろい?」

鈴　鹿「逃げるのはもう嫌なの。下手でもいい、不完全でもいい、自分の声で歌って笑顔を届けたい。ずっとコンプレックスだったうつろいやすい音程を私なりに克服したい…そう思って、去年の夏から、口の堅いボイストレーナーについてレッスンしてるんです（と立ち上がる）」

春　子「そんなに前から…!?」

鈴　鹿「今日はその成果をお見せします」

鈴鹿、姿勢を正して喉の調子を整える。

「…」

春子N「あれから25年。人々が失いかけている笑顔を、歌で取り戻して欲しい、果たしてその思いは…」

聞いている3人。一様になんとも言えない表情。

3　人「……」

鈴　鹿「どうかしら」

3　人「……（苦笑）」

鈴　鹿「…ダメか」

「…」

春　子「いつからでしたっけ？　ボイストレーナー」

鈴　鹿「口の堅いボイストレーナーです、去年の夏から…」

春　子「だったらクビにした方がいい、お金勿体ない、私がやります」

正　宗「えっ？」

春　子「私が歌唱指導します、鈴鹿さんの」
太　巻「え？　じゃあ…え!?」
正　宗「やるの？　リサイタル」
春　子「……やりましょう」
（第25週第147回、シナリオ2：629-632）

鈴鹿は、天野家で北三陸の人間たちと触れ合うことで、リサイタルの基盤となる人間同士のつながりを知る。
鈴鹿の紹介で夏が橋幸夫と会ったことを知り、忠兵衛が怒っている。3・11の際に戻ってこなかったことへの問いに忠兵衛はグローバルな感覚で答え、鈴鹿を感心させる。

天野家・居間（夜）
アキ、夏、鈴鹿、忠兵衛、大吉、安部、長内、かつ枝、囲炉裏を囲んで酒盛りしている。
忠兵衛「笑い事じゃねえべ！　亭主の留守中にだど？　しかも…橋幸夫ぉ!?　訴訟だ訴訟！　慰謝料ふんだぐってやる！」
かつ枝「そんなんじゃねえって、カラオケ歌っただけだって、なあ」
忠兵衛「いやいやこれは不貞だ！　不倫だぞ夏！　今すぐ出でいげ！」
夏「おらが出でったら、この家ぁほとんど空き家だな」

忠兵衛「うう…」
長　内「こりゃ一本取られだな忠兵衛さん！」
大　吉「ところで、ご結婚おめでとうございます」
鈴　鹿「ああ、どうも（笑）」
夏「おらも新聞で読みました、ずいぶん思い切ったなぁ」
鈴　鹿「まあ、元々長い付き合いでしたから…。夏さんも、皆さんも、お変わりなくて安心しました」
夏「周りが変わりましたがらね。こごらでも何人がは死んでまったし（長内夫妻を指し）こいづらぁ家も流されだし、せめで無事だった奴等だげでも、変わらず、笑ってるべって、なあ（笑）」
鈴　鹿「（頷き）…そうですか」
アキ「爺ちゃん、地震あったのに、なすて帰って来ねがった？」
忠兵衛「ああ？　なすて帰んねばなんね」
かつ枝「夏ばっぱ、心配でねがったが？」
夏「無線で確認でぎだべ」
かつ枝「んでも…」
忠兵衛「（遮り）陸が大変な時に陸さ上がってどうする？　むしろ海さ出だオラ達がよ、海で銭コ稼いで、陸の奴等ぁ助けねばなんねえべ、だがら帰って来ねがった」
鈴　鹿「（深く感心し）かっけえ～」
（第25週第150回、シナリオ２：650-651）

リサイタルの会場・新海女カフェは、太巻にとって元々の出発点を想い起させるきっかけになったようである。つまり、太巻なりの「逆回転」である。そしてそれは、鈴鹿の「逆回転」のための努力が引き出した北三陸の人々の「逆回転」のための努力に沿い応えるものであった。

新海女カフェ（夜）

［…］

太巻、改めて手作り感満載の店内を見渡し、

太　巻「…ここで歌うんだ」
鈴　鹿「…ここで歌うんです」
太　巻「…まずいな」
水　口「…まずいですよね」
ヒロシ「…すいません、精一杯頑張ってるんですけど、いかんせん素人仕事で…」
太　巻「だろうね。これはプロには到底マネ出来ないよ…。雑なのに愛がある」
ヒロシ「…すいません」
種　市「ストーブさん、今褒められでんですよ」
ヒロシ「え？」
太　巻「私が上野に劇場を建てる時に目指したのが…まさにコレだ」

水口「マジすか、こんなほったて小屋が？」

ヒロシ「褒められてないじゃん」

太巻「正直さっきまで、幾らか寄付してもいいと思ってた。売名行為じゃないですよ、鈴鹿ひろ美の初リサイタル、それに相応しい会場作りは、プロデューサーとしては当然の出費です」

磯野「金出すって言ってるぞ」

太巻「…でも違った。これでいい。これがいい。お金かけたら、ちゃんとしちゃう、この絶妙なバランスが崩れてしまう」

種市「金、出さねえって言ってますね」

磯野「どっちなんだ？」

太巻、ステージに上がり、強度を確かめるように踊る。

種市「踊り出しましたね」

磯野「バガなのが？」

太巻「プロでもない素人でもない、アマチュアの成せる技、まさしくアマカフェです」

鈴鹿「元ダンサーなんです」

磯野「あ〜あ（納得）」

種市「鈴鹿さんのおかげですよ」

鈴鹿「え、私の？　なにが？」

美寿々「後回しになってたんです、ここ。みな半分諦めでだ。んだって要らねえし、こんな田舎にカフェ。

ずっと浮いでだし。壊して元の漁協にすんべって…だげどアキちゃんが」

×　×　×

海女カフェ。（回想）

アキ「海女カフェ、復活させっぺ！」
美寿々「アキちゃん」
アキ「ここさもう一回、海女カフェ建でっぺ」

×　×　×

美寿々「海女カフェ建でで、ユイちゃんやアキちゃんが歌って、地元を元気にするって、それが今オラに出来るごどだって言うの」
種市「それで有志が集まって、少しずつ片付け始めだんです。そしたら、鈴鹿ひろ美が歌いに来るよって話になって、慌ででリフォームしたんです」
鈴鹿「……」
ヒロシ「青年部も婦人部も、みんな、すんげえ楽しみにしてます！　宜しくお願いします！」
太巻「…まずいな」
水口「…まずいですね」
太巻「（鈴鹿に）…いいの？　本当に、知らないよ？」
鈴鹿「いい、ここで歌うの。それが…オラに出来るごどなの」
太巻「…そうか、じゃあ頑張って、僕帰るから」

水　口「え？　東京に!?」
太　巻「（立ち止まり）僕も、僕に出来ること、やりますよ」
春子N「後日、海女カフェには、最新の音響設備が導入され…」

スリーJプロ・オフィス（日替わり）

春子N「関係者各位には、このようなFAXが届きました」
送られてきたFAXを読み、動揺する春子。
春　子「…は？　はあ!?　なんだこれ！」
『結婚披露宴のお知らせ』
『荒巻太一＆鈴鹿ひろ美』
『6月30日　於・海女カフェ（北三陸市）』
春子N「確かにそれは…太巻さんにしか出来ない事だけど」
春　子「……なんなのよ」
（第26週第151回、シナリオ2：663-665）

太巻の「逆回転」は鈴鹿とのプライヴェートな関係にも及ぶわけである。そして鈴鹿にとってリサイタルは、長い間のコンプレックスの克服を意味する。まさに鈴鹿の「逆回転」である。

新海女カフェ・ステージ

完璧な音程で、しっとりと歌い出す鈴鹿。

［『潮騒のメモリー』1番］

春　子「……（唖然）」

春子の若き日の記憶（回想と歌カットバック）

84年7月、北鉄で故郷を後にする春子。車窓の景色。

オーディション番組で歌う春子

太巻と出会い、影武者の打診を受ける。

スタジオで鈴鹿とニアミスする春子。

歌番組で、別ブースで歌う春子…

純喫茶『アイドル』。太巻に怒りをぶちまける。

春　子「プライドなんかあるに決まってんじゃない！」

［…］

［『潮騒のメモリー』2番］

新海女カフェ・ステージ（回想戻り）

ステージで歌っている鈴鹿。

見守る春子。

来てよ　その川　乗り越えて
三代前から　マーメイド
親譲りの　マーメイド

一番後ろで見ていた海女クラブの面々、
美寿々「なんつった？　今」
かつ枝「三代前から　マーメイドだど」
美寿々「三代前？」
かつ枝「夏ばっぱのごどだべ」
夏「（笑）」
かつ枝「あのやろ、さでは最初っから決めてだな？」
美寿々「なすて、あんだが泣いでんだ？」
太　巻「…すいばせんっ（号泣）」
かつ枝「拭げ、ほれ、涙で顔がテッカテカだぞ（と手拭い渡す）」
歌い終わり、上手袖のアキを見る鈴鹿。
アキとユイ、笑って親指を突き出す。
夏、ひときわ大きな拍手。

対面の袖から見守る春子。

鈴　鹿「……」

春　子「……」

（第26週第154回、シナリオ2：682-684）

歌詞のうちに「三途の川のマーメイド」という表現がある。ここには仏教的なイメージがある。（文献資料8）（註8）

1986年のものと設定されている映画の主題歌に出てくる「三途の川」という歌詞に対してはとくに不適切であるという認識はなかったのであろう（そのようなものとして設定されていると思われる）。それは、リメイク版の主題歌としても登場している（今度はアキによって歌われる）。「空」の立場から見れば、「色即是空」へのプロセスにあるものとして位置づけられるものであろう。

鈴鹿によって「マーメイド」の規定が「三途の川の」から「三代前から」に変更される。これは、「色即是空」から「空即是色」への転換に対応する。ここに、「空」の立場から見れば、この転換のもつ肯定的な意味が表明されることになろう。ドラマにおいては、この意味が「逆回転」として表現されているわけである。

こうして、北三陸にとっては外部の人間である鈴鹿は、チャリティーリサイタルによって自分のできることをやり、歌詞を受け容れられやすく変えるという仕方で貢献する。その際、自分の永年のコンプレックスを解消する。

このドラマに登場する音楽、とりわけ歌謡曲『潮騒のメモリー』を「空」の立場から解釈できるかもしれない。

「三途の川の」から「三代前から」への「マーメイド」の規定の変更によって仏教的イメージがより現実の中での「色」へ（「歴史性」のないものから「歴史性」のあるものへ）の転換として解釈することも可能であろう。（註9）この解釈によって「空即是色」の運動がどのような方向で捉えられたのかが示されている。

その場合、仏教的なイメージが本来もっている射程を捉える必要があろう。「空」の立場からすれば、「歴史性」も「空即是色」における「色」の一つの形として位置づけられるであろう。つまり「色即是空」において現われた「空」が「空即是色」のプロセスにおいて「歴史性」という「色」の一つの形をとるわけである。こうして『般若心経』に示された「空」の立場のうち、「空即是色」が焦点になる。

「海女」は、「マーメイド」として「三途の川」におり、そのようなものとして「色即是空」を体現する。つまり、人間と自然（海）との関係を象徴している。震災において、「色即是空」という根本的な立場が示された。その上に立って、ドラマではその「空」から「色」へのプロセスが示される。例えば、夏の場合は、北三陸に止まり、海女としては引退するがアキという後継者を育てるという仕方である。春子の場合は、東京に戻りプロダクション社長として活動する（地元アイドルを育てることも含むであろう）という仕方である。アキは、北三陸に止まり、海女として地元アイドルになり、町おこしをするという仕方である。それぞれがそれなりに個人の人生が営まれていく。自然の次元では「色即是空」であることが震災において示されたことを受けて、人間の次元で「空即是色」であることをそれぞれ可能な形で示すわけである。

「うつろいやすい音程」については春子が「影武者」をやってくれたおかげで、鈴鹿は芸能界に残ることができた。アキのイメージでは若き春子はこの「影武者」であることをどこまでも誠実に貫こうとしている。これも一つの「色」へのこだわりであって、「空」には到達できない。鈴鹿の方は自分が春子という「影武者」によって支えられることによってはじめて、芸能界に残ることができたということに傷ついている。それも一つの「色」へのこだわりである。自分なりにそのコンプレックスを乗り越えて自分の声で歌うことによって「空」に到達する。それを見た若き春子はやっと自分のこだわりから解放される。それによってアキのイメージから消えるのである（第26週第153回、シナリオ2：681参照）。現在の春子もひょっとしたら、鈴鹿が元々歌えたのかもしれないと鈴鹿のプロとしての態度を承認する。

同・ステージ

アンコールで登場する鈴鹿、離れて見守る春子と太巻。

太　巻「…大した人だよ」

春　子「本当だよね、よりによって私の地元で」

深々と頭を下げる鈴鹿。

太　巻「しかも東北の復興支援だろ…うまく行ったから良かったけど…もう脇汗がすごいよ、押さえてないと溢れちゃうよ」
鈴鹿「今日はいかがでした？　皆さん、楽しんで頂けましたか？」
春子「（不意に呟く）…わざとだったりして」
太巻「わざと？　え、わざとってなに？」
春子「……」
太巻「わざとで上手くは歌えないでしょう」
春子「今日じゃなくて、今までよ」
太巻「ええ!?　わざと下手に歌ってたってこと？」
鈴鹿「今回の東北チャリティツアーはどうしても、この北三陸から始めたかったのです。というのも、私の所属事務所の代表がこちらの出身で…彼女とは若い頃からの腐れ縁で」
と軽く袖を意識する鈴鹿。春子も笑顔を作り応える。
鈴鹿「その娘さん…そうです、この海女カフェを作った天野アキちゃんとも映画で共演したし…お婆ちゃんの夏さんにも（と客席を探す）」
かつ枝「夏ばっぱ、ここさ居たよお！」
会場、盛り上がる中、太巻はどんどん青ざめ、
太巻「え！　わざと…だとしたら、いつから？」
春子「こっちが聞きたいわよ」
鈴鹿「そんな北三陸から、スタートできて、幸せです」

春子「…言ってましたよね確か、歌手志望じゃないって」
［…］
春子「でも、駆け出しのアイドルだから断れなくて…」
太巻「仕方なく、わざと…下手に…最初から!?」
［…］。
鈴鹿「アイドルと呼ばれていた当時も、実は歌が苦手で、歌番組も何度か出ただけ…人前で歌うなんてもってのほかで、はい。ずっと断ってきたんです」
春子「……（強く）なわけないよね！　あーやだやだ、知りたくない、考えちゃだめ」
太巻「…お、おいおい」
春子「でも、万が一そうだとしたら…」
鈴鹿「だから初めてなんです。初めて自分の意志でステージに立って歌を…ずっと封印していた歌で、皆さんに笑顔を届けたい。そう思わせてくれた天野家の皆さん、北三陸の皆さん、本当に有り難うございました」
春子「…プロだわ」
人一倍大きな拍手を送るアキ。
アキN「果たして本当に猛練習の成果なのが、たまたまの大当りが、あるいは元々歌える人だったのが…真相は本人にしか分がりません…とにかぐチャリティーリサイタルは大盛況」
（第26週第154回、シナリオ2：684-686）

こうして、鈴鹿の「逆回転」は成功したようである。それによって鈴鹿は、自分が自分であることを確認できるようになったであろう。そして社会的な人間関係の問題であるというよりも、鈴鹿個人の人格的な問題であり、彼女の存在の根底からの「逆回転」であると言えよう。この点に関してユイは、おそらく鈴鹿の方が春子よりつらかっただろうと推測している。

北三陸駅・駅舎（夜）

休憩しているアキとユイ。

アキ「カッコ良かったね、鈴鹿さん、さすが天下の大女優だべ」
ユイ「アキちゃんは、どっちが辛かったと思う？」
アキ「え？　どっちが？」
ユイ「春子さんと鈴鹿さん」
アキ「ああ…影武者問題が」
ユイ「私は、鈴鹿さんの方が辛かったと思うんだよね」
アキ「…なすて？」
ユイ「なんとなく…ステージ見てて、そう思った」
アキ「……」

（第26週第155回、シナリオ2：694）

ユイは鋭いその感性で、鈴鹿が彼女なりに自分が自分であるために格闘してきたことをステージの姿から感じとったのであろう。

○夏の言葉

鈴鹿の方が春子より辛かったかどうかはともかく、3組（春子―正宗、安部―大吉、鈴鹿―太巻）のカップルの合同結婚式においては、同じようにそれぞれ一人ひとりが〈自分〉探しの到達点を迎えたことが示されているのであろう。そしてその披露宴は、夏の言葉で締めくくられる。この言葉は夏にとっての自分が自分であることの総括であろう（それは個人的には忠兵衛が彼女に断りなく遠洋漁業へ出発してしまうというなかなかの「覚悟」を要求される事態を踏まえた上でのことである）。

新海女カフェ・フロア

［…］

菅　原「では…春子さんのお母様であり、袖が浜海女クラブ会長でもある天野夏さんがら、ひと言」

恐縮しながら、ステージでスピーチする夏。

夏「いやそんな…オラなんか…喋るごどねえし。ええど…、天野家の、初代マーメイドでがす」

大きな笑いと拍手が起こる。

夏「鈴鹿さん、わざわざこんな辺鄙な所さ来てくれでありがどうございました（頭を下げる）」

鈴鹿「いえいえ（頭下げる）」
夏「あんだが、動いでくれだおがげで…20数年前には拝めながった娘の花嫁姿を、図らずも見る事が出来ました」
春子「……」
夏「出来れば、忠兵衛さんにも見せだがったが…ぜんぶ叶ってしまったら、もうあの人こごさ帰って来ねえがらな（笑）…あ、どうぞ座って下さい、お互い若ぐねんだがら（笑）」
新郎新婦たち、笑いながら着席する。
夏「大吉」
大吉「はいっ！（立ち上がる）」
夏「今度、安部ちゃんのごど泣がせだら、もう北鉄乗んねえど、ウニ丼作んねえど…わがったが」
大吉「はいっ」
夏「座れ…それから荒巻じゃけ」
太巻「鮭ではないですけど、はい」
夏「アンダみでえな金持ぢが、田舎さ目ぇつけるのは良い事だ。どんどん金出せ、そしたらオラ達はどんどん元気だすべ」
弥生「んだんだんだ！」
太巻「えー…はい！」
夏「座れ（笑）一昨年、倒れまして。去年は地震があったりして。明日どうなるが分がんね毎日を送って来ましたが、娘ど孫に助けられで、何どが生ぎでます。明日は海開きでがす。今年はウニも帰って来たし、去年のリベンジでがす。いっぺえ潜って、いっぺえ獲って、それが一段落したら…これはまあ、毎年言ってる事ですが…今度ごそ、海女ぁ引退するつもりです」

かつ枝「夏ばっぱ…」

夏「（海女たちを見据え）これがらはお前らの時代だ。老兵は去りゆく、去る者は追わないで下さい」

春子「…夏さん」

夏「最後に…本日は皆さん、オラの夢を叶えでくれで、どうもありがどう（頭を下げる）」

アキ「夏ばっぱ」

夏「なんだ?」

アキ「あ、ごめん、返事するど思わねがった」

一同「（笑）」

鈴鹿「（立ち上がり）かっけー!」

夏「（笑）…そうですか?」

アキ「うん、夏ばっぱ、かっけー、やっぱりかっけー!」

春子「……」

（第26週第155回、シナリオ2：689-691）

PART V

このドラマでは、ドラマの向かう方向として「地元アイドルによる町おこし」という方向がとられている。(註10)

このように、アキの〈自分〉探しには海女としての地元アイドルという形が与えられる。この形をアキは自分のこととして納得している。この方向に対して、ユイはドラマの前の方で東京に行ってアイドルになることを目指していたころは、町おこしという大人の事情に抵抗した。

大吉などがユイを北三陸から連れ出そうとしたとしてスカウトマン水口に不信をぶつけるシーンで、ユイは大人から無視された状態にある自分の存在を、つまり自分が自分であることを主張する。

海女カフェ(夜)

[…]

大　吉「いいがミズタク、よぐ聞げ、ユイちゃんはこの北三陸の救世主なんだ。分かるが？　産業も、観光も、100円ショップもねえこの町の、廃線寸前のローカル線を、普通の女子高校生が復活させだんだ。そごらの、スカートぴらぴらさせて歌ってる女子供と一緒にすんでねえ！」

［…］

ユ　イ「私の気持ちはどうでもいいんですか？」

大　吉「え？」

ユ　イ「私の、東京行きたいっていう気持ちとか、アイドルになりたいっていう子供の頃からの夢とかは、聞いてもらえないんですか？　そんなに町おこしが大事なんですか？」

春　子「…ユイちゃん」

ユ　イ「…だから嫌だったんです、ミス北鉄なんて…こうなるの分かってたから。私、北鉄がどうなろうと、町がどうなろうと関係ない！　どうでもいい！」

ヒロシ「ユイ、そのくらいにしておげ」

ユ　イ「だって本当のことだもん！　もちろん…皆さんのこと好きだし、田舎をバカにしてるわけじゃないけど…でも、これ以上犠牲になるのはイヤ、こんな所で一生を終えるなんて、ありえない！」

泣きながら荷物を引いて去って行くユイ。

ヒロシ「ユイ！」

（第11週第61回、シナリオ1：532-535）

しかし、ドラマの終わりではユイも地元アイドルという方向に向かう。ユイは、太巻による東京への誘いを断る。

北三陸駅・駅舎（夜）

ユイ「私、東京には行きません」

［…］

太巻「え？」

ユイ「ここでやって行きます、アキちゃんと、水口さんと一緒に、潮騒のメモリーズで」

アキ「ユイちゃん…」

太巻「でも君…二十歳だよね、いつまでもご当地アイドルじゃ先が無いし、田舎出るなら今がラストチャンスじゃないかな」

ユイ「東京も北三陸も私に言わせれば日本なんで…お構いねぐ」

太巻「……」

ユイ「ずっとやります、私達、2人ともお婆ちゃんになっても…潮騒のメモリーズです！（ポーズ）

アキ「ですっ！（遅れてポーズ）」

（第26週第151回、シナリオ2：660 - 661）。

ユイの言葉は忠兵衛の言っていたこと（前掲参照）に自分なりに受け止めてのものであろう。つまり、グローバルな視点からすれば、日本のどこにいても日本にいることには変わりがないのであって、生き方は変わらないということである。これは、北三陸でも東京でも生きていく「覚悟」に変わりがないことについて語った夏の言葉（前掲参照）にも通じているであろう。人間の次元で言えば、そのような「覚悟」をもった態度をとるということが「色即是空」による自分の否定から「空即是色」へのプロセスにおいて到達する成果であろう。一人ひとりの人間それぞれに異なるけれども、ドラマが表現する仕方でのそれぞれの「逆回転」の内容をなすものが、それぞれの〈自分〉探しのゆくえであることになろう。

ドラマの終盤の部分に登場人物それぞれの在り方に当のゆくえが示されている。

北三陸駅・ホーム

字幕『２０１２』

功「昭和59年の開通から28年、市民の足として走り続けた北鉄が今日！　復活します！」

大勢の市民が集まって、運行再開のセレモニー。

功の傍にヒロシ、大吉と吉田も立っている。

大吉「（感極まり）見えるが？　吉田くん」

吉田「見えます、駅長、あれ、書き割りじゃねえですよね」

ホームにはテレビ局のカメラが数台並んでいる。

大吉「あのカメラ、ドッキリカメラじゃねえよなあ」

吉田「あんなにいっぱい居だら、ドッキリカメラでもいいです」

大　吉「越えだよなぁ、84年の開通式、越えだよなあ（号泣）」

天野家・玄関

アキ「もう行ぐの？　せめで開通式、見で行げばいいのに」
春　子「やめとく、色々思い出しちゃうからぁ」

北三陸駅・ホーム（回想・1984年）

字幕『1984』

はためく日章旗の小旗。84年の開通式。

春子（18）人垣をかき分け、ずんずん進み出る。

春　子「……（イライラ）」

テープカットに先立ち市長（当時）がスピーチ。

市　長「北三陸鉄道リアス線の開通は住民にとって、明治以来の悲願でございました！」

春　子「どいて下さい、どいて下さい」

同（回想戻り・2012年）

血相を変えた正宗が階段を下りて来る。
正　宗「どいて下さい、あの、通して下さい」

功　「畑野から宮古の区間も、2013年には開通する見込みです、皆さん、もうひと踏ん張りです！」

正宗「あ、吉田さん！　春子さん知りませんか？」

吉田「鈴鹿さんと一緒に、7時の新幹線でお帰りになりました」

正宗「はあ!?　なんで教えてくれないんですか！」

吉田「旦那さんはいいんですか？　って聞いたら、いいんです、って応えたので、お知らせしませんでした」

大吉「どうしたの」

吉田「なんか、黒川さんが（笑）面倒ください」

司会の菅原がホームに立ち、

菅原「それでは、市長の娘さんでミス北鉄の、足立ユイちゃんによるテープカットです」

観衆がユイの姿を一目見ようと、どっと押し寄せる。

正宗「ちょ…押さないで下さいっ！」

正宗、バランス崩れて吉田を押してしまう。

吉田「わあっ！」

吉田、大吉、菅原、功と連鎖して、最終的にユイがつんのめってくす玉を割ってしまう。

ユイ「ぎゃあっ！」

大吉「うわあ…申し訳ございませんっ！（何度も謝る）」

大吉「（笑顔で）出発進行――――！」
走り出す北鉄。
夏N「2012年7月、北鉄は、北三陸～畑野間で運転を再開しました」

×　×　×

袖が浜

夏N「1年半ぶりに線路の上を走る北鉄は、それだけで嬉しそうで、眩しく輝いて見えました」
高台を走る北鉄の窓からユイが手を振る。
ユイ「アキちゃ――――ん！」
アキを中心に、海女クラブの面々が餅まきをしている。
アキ「ユイちゃ――――ん！　あとでねえ――――！」
夏「あっちもすげえ人だなあ」
アキ「うん、オラも負げでらんねえ！」
春子N「その頃、袖が浜では…海女クラブの会長に就任したばかりのアキが、浜に出ていました。こちらも、過去最高の人出」
海へ入るアキ、美寿々、かつ枝ら海女クラブ。
声援に応えながら、沖へ出て行く。
春子N「海女カフェの補修と再建で、海女クラブはそこそこの借金を抱えていました」

海底に潜るアキ、ウニを幾つも抱えて戻って来る。

春子N「幸い、海の底には銭がゴロゴロ落ちてました」

アキ「ぶはあ――――っ!」

夏「どうだ―!? アキぃ!」

アキ「最高だあ!」

畑野駅

駅に到着する列車。線路の先に車両止めのバリケード。

吉田「畑野~畑野~終点です」

アキN「今は畑野までですが、そう遠くない将来、この線路が東京まで繋がるのです」

(第26週第156回、シナリオ2:697-699)

そして、お座敷列車での『潮騒のメモリーズ』復活がこのドラマの最後を飾る。

北三陸駅・ホーム

大吉「お座敷列車ぁ潮騒のメモリーズ号! まもなく発車しまぁす!」

階段を走って下りて来るアキとユイ。

先頭を走る水口。続いて吉田、オタク達。

春子N『ついにこの日が来た!』水口くんは興奮を隠しきれませんでした。潮騒のメモリーズ復活、明日の一面トップは貰った!」

手を繋いで乗り込むアキとユイ。

水　口「しゅっぱあつ…!」

正　宗「待ってくださあ——い!」

正宗がデジカメを手に走って来る。

正　宗「乗せて、大吉さん、乗せて下さい!」

大　吉「それは無理だ、マサ、お座敷列車はもう来月分まで予約でいっぱい」

落胆する正宗の胸ポケットに、ヒビキがそっとチケットを入れる。

正　宗「いいんですか?」

ヒビキ「明日も乗るし。言ってみりゃあんた、潮騒のメモリーズの産みの親みてえなもんだし」

正　宗「産んではいないけど、ありがとう!（乗り込む）」

テレビ画面・ニュース映像

ア　ナ「続いてのニュースです。東日本大震災で被害を受けたローカル線が今日、一部運転を再開しました」

開通式の様子が映し出される。

ア　ナ「岩手県北三陸市で今日、北三陸鉄道リアス線の運転再開を記念する式典が行われ、地元市民に混じって、全国各地の鉄道ファンがエールを送りました」

純喫茶『アイドル』（夕）

テレビを見ている甲斐さん、ウエイトレスが一人いる。

アナ「そして午後には、地元アイドルを乗せたお座敷列車『潮騒のメモリーズ号』が運行…」

甲斐「（テレビ指差し）この子、うちで昔バイトしてたあ！」

ウエイトレス「…え？」

TVの中『暦の上ではディセンバー』を歌うアキ&ユイ。

甲斐「この子のお母さんもバイトしてたあ！　潮騒のメモリーズ、今いちばん熱いよね！　…（冷めて）失礼しました〜」

天野家・居間（日替わり）

夏が新聞を体にかけて眠っている。（目を開けて）

夏「ZZZZZ…」

春子N「後日、二人の活躍は、地元の新聞でも大きく報じられました…残念ながら一面トップではありませんでしたが…」

記事『北三陸にアイドル降臨！　〜潮騒のメモリーズ〜』

一面トップの記事『北三陸で8500万年前の肉食恐竜の骨発見！』

小学生と水口が、黒い棒状の物体を手に笑っている写真。

お座敷列車・車内（回想）

ファンの前で歌うアキとユイ。

来てよ　その火を飛び越えて
砂に描いた　アイ　ミス　ユー

漁船の中（回想戻り）

ＰＣでアキとユイの動画を見ている忠兵衛。

忠兵衛「見れ！　これ、おらの孫！　マイ、ドーターズドーター（笑）」

畑野駅（夕）

ベンチに座って余韻に浸るアキとユイ。

ユ　イ「どうかした？」
ア　キ「ミサンガ、今日こそ切れるど思ったのに」
アキの両手にミサンガ、強く結ばれている。
ア　キ「しょうがねえが、いっぺえ間違えだもんな（笑）」

ユイ「私も、今までで一番ヤバかった（笑）」

アキ「まだまだ完成しなくてもいいべ」

ユイ「明日も明後日もあるもんね」

アキ「んだ、明日も明後日も来年もある…今はここまでだげど、来年になったら、こっから先にも行げるんだ」

二人、トンネルの奥を見つめる。

ユイ「行ってみよっか」

アキ「じぇじぇ!?」

ユイ「行こう、アキちゃん」

アキ「……」

ホームから線路に下りて歩き出すユイ。追うアキ。

車両止めを越えて、歩いていくユイ。走って追い越すアキ。ユイも後を追って走る。

やがて叫びながらトンネルの中を走るアキとユイ。

お座敷列車（回想）

『潮騒のメモリー』を歌うアキとユイ。

北へ帰るの　誰にも会わずに

低気圧に乗って　北へ向かうわ
彼に伝えて　今でも好きだと
ジョニーに伝えて　千円返して

車内は大盛り上がり、その様子を後方から見守る正宗。
種市とヒロシ、磯野も見守っている。
一番後ろでビデオで撮影する水口。

水　口「……」

スナック梨明日（回想）

『潮騒のメモリー』を歌う春子。

潮騒のメモリー　17才は
寄せては返す　波のように

お座敷列車（回想）

『潮騒のメモリー』を歌うアキとユイ。

来てよ　その火を飛び越えて
砂に描いた　アイ　ミス　ユー

新海女カフェ（回想）

『潮騒のメモリー』を歌う鈴鹿。

来てよ　その川　乗り越えて
三代前から　マーメイド
親譲りの　マーメイド

トンネルの中

かすかに射す光に向かって全力で走るアキとユイ。

タイトル

防波堤（夕）

転がるように走って来るアキとユイ。
灯台を越して『海死ね』の落書きを踏みつけて海にむかってジャンプするアキ。

（第26週第156回、シナリオ2：700-704）

（おしまい）

このようにして、アキは彼女なりの〈自分〉であり続けている。そしてアキとの関係のうちでユイも同様にユイなりの〈自分〉に到達した。アキは変わりつつも基本的には変わらない。ユイもそうであるようにまわりの人間たちもそれぞれの変わり方は異なった仕方で変わりつつ、アキのようにこだわるべき〈自分〉を見出したようである。それはそれぞれの仕方での「貢献人」としての在り方を示しているであろう。

そのような在り方は、「空」の立場から見れば、人間の次元に限定されているとはいえ、「色即是空」から「空即是色」へのプロセスにおいて生じているであろう。そしてそれは人間と自然との関係の「不調和」を「調和」へと変えていく集団的実践によって3・11からの復興を進めていくことと連動しているであろう。

われわれは、そのような〈自分〉探しの一つの典型としての『潮騒のメモリーズ』の活動のうちに北三陸の人間たちの希望を見出すとともに、さらに同じような活動が北三陸以外の東北の各地域において、そして全国において展開されることに期待したい。（註11）

文献資料

1　「空」：「色即是空　空即是色」

「色」・「空」について中村・紀野訳註（同21）から引用する。

「色」：原語ルーパの訳。「物質的現象として存在するもののこと。」ルーパは『形のあるもの』を意味する。」

「空」：原語シューニヤターの訳。「『なにもない状態』というのが原意である。」「物質的存在は互いに関係し合いつつ変化しているのであるから、現象としてはあっても、実体として、主体として、自性《じしょう》としては捉えるべきものがない。これを空という。しかし、物質的現象の中にあってもこの空性を体得すれば、根源的主体として生きられるともいう。この境地は空の人生観、すなわち空観の究極である。」

（以上、幸津2013：90参照）

サンスクリット原文の日本語訳：

色であるもの　それが空性である。　空性であるもの　それが色である。（涌井122）

（以上、幸津2007：62参照）

玄奘訳漢文・書き下し文：

色即是空　空即是色　　色はすなわち空、空はすなわちこれ色なり。（中村・紀野訳10）

現代日本語訳：

およそ物質的現象というものは、すべて実体がないことである。およそ実体がないということは、物質的現象なのである。（中村・紀野訳11）

（以上、幸津 2007：60、64参照）

『般若心経』におけるこの表現の意味について、そこに「時間」を読む立川武蔵の解釈に学びたい。その解釈によれば、実践（仏教的には行）は一つの時間的なプロセスを想定することによって捉えられるという。以下、この解釈について検討しよう。

立川は、「色即是空、空即是色」という表現のうちに三つの時間を見ている。すなわち、

ここには色から空（空性）へ至るという第一の時間と、空から色へと至る第三の時間の二つが語られている。そして空性自体は時間の幅をもたないであろうが、空性が第二の時間である。（立川 2003：307）

この区別のもとに当の表現は、次のように捉えられる。

「色は空である」とは、俗なるものを否定することによって聖なるものに至る道筋を示している。そして「空は色である」とは、聖に至ったものがまた俗なる世界に帰ってくる場面、ただ単に帰るのではなくて、俗なるものを浄化して帰ってくる場面を指しているのである。（立川 2003：324）

さらに第一の時間における「不断の否定作業」の結果、「因果関係では説明できない瞬間」（立川 2003：334）が現

われるという。それが第二の時間であるとされる。つまり、

悟りなり救いなりが達せられたその瞬間においては、過去、現在、未来、あるいは現状認識、手段、結果という系列が崩れる（立川 2003：335）

というのである。これは実践が究極のところに、すなわち「さとり」に達したことを示すであろう。そして第三の時間についての記述においては、先の第二の時間において第一の時間の因果系列が崩れ、「さとり」に達した後のその立場を維持する実践が述べられている。

その瞬間の混乱が過ぎ去ると、また元のかの原因、手段、結果という秩序に戻ってくる。ただ、第一の時間における世界とまったく同じ世界に戻るというわけではない。その目的が達せられた後、例えば空性を経験した後は、以前とは違った世界、つまり、ただ単に俗なる世界ではなくて、聖なる力によって浄化された世界へ戻るのである。（立川 2003：335）

この立川の解釈から、われわれは実践のプロセスについて学ぶことができるであろう。立川は「色即是空」と「空即是色」とを区別した上で、そこに実践のプロセスを見出しているわけである。この実践が「集団的実践」であり、この点での理論の構築を「空の思想」の課題としている。

空の思想は、人間たちが自分たちの生活のより一層の快適さや便利さを求めて、無制限に自分たちの力を使用することに疑問を投げかける。一人ひとりの人間が自己の欲望の行方を見定めなくてはならないことは当然であるが、人類全

体も自らの望み得ることを見定めるために、「自己否定」を行う必要がある。このような意味での集団的実践については、空の思想はこれまでの歴史において具体的、総括的な理論の構築をしてこなかった。これこそが今後の課題であると思われる。（立川 2003：336）

（以上、幸津 2013：92, 118-120 参照）

2 「逆回転」

このドラマにおける「逆回転」の「逆」は、「逆」の古代漢語の語義〔展開〕ⓐにあたるであろう。しかし、ⓑではなく、むしろ肯定的に用いられている。ⓒおよびⓓにおける「到着点に視点を置く」ことは「逆回転」のプロセスという点で示唆的である。つまり、ドラマにおける用語法もこの点で可能であるかもしれない。「回」・「転」はそれぞれ漢語の語義〔展開〕ⓐでほぼ重なっており、両語で熟語ⓐ「回転」となっている。

日本語の語義において「逆回転」と「逆転」とは同じことを意味すると言えよう。「逆転」の方に多様な展開があるが。

古代漢語

【逆】

語源〔コアイメージ〕逆方向（⇅の形）に行く。〔実現される意味〕順序や方向が普通とは反対になる（さかさま）ⓐ。

〔英〕go against, contrary, opposite［…］

語義〔展開〕順序や方向が普通とは反対になる（さかさま、あべこべ、反対）の意味ⓐから、正当な物事や道理にそむく（さからう）意味ⓑに展開する。また「逆方向に行く」は出発点に視点を置いたイメージだが、到着点に視点を置くと、反対の方向からこちらへ来るというイメージにもなり、あちらから来る人をこちらで↓↑の形で出迎える意味ⓒ、↓の方向から来るものに対して↑の方向に前もって対応すること、つまりあらかじめ予想するという意味ⓓを派生する。〔英〕go against, contrary, opposite , reverse, counter; defy, disobey, rebel; welcome; anticipate〔和訓〕むかえる・あらかじめ〔熟語〕ⓐ逆行・逆順・ⓑ逆臣・反逆・ⓒ逆旅ゲキリョ・ⓓ逆睹ゲキト（加納 2014：241-242）

【回】

語源〔コアイメージ〕丸くまわる。〔実現される意味〕ぐるぐるまわるⓐ。〔英〕circle〔…〕

語義〔展開〕ぐるぐる回る意味ⓐから、ぐるりと回って元に戻る意味ⓑ、向きを変える意味ⓒ、振り返る意味ⓓ、順に移していく（回って行く）意味ⓔ、ひと回り（回数）の意味ⓕに展開する。また、途中で↑の方向に対して↓の方向に向きが変わることから、⇅の形に行き違う、食い違う（たがう、よこしま）の意味ⓖを派生する。〔英〕circle, turn around, revolve; return; turn; look back; go around; time; differ〔和訓〕めぐる・かえる・たがう

〔熟語〕ⓐ回転・旋回・ⓑ回帰・撤回・ⓒ回天・回避・ⓓ回顧・回想・ⓔ回読・回覧・ⓕ回数・次回（加納 2014：120-121）

【転】

語源〔コアイメージ〕まるく回る。〔実現される意味〕円を描くようにくるりと回る（ころがる）ⓐ。〔英〕turn round, revolve, rotate

語義〔展開〕円を描くように（一点を中心にして）くるくる回る意味ⓐ、物が○○○…の形に回って動く（ころがる・ころがす）意味ⓑ、ころがるようにして移る（場所を移す、移り変わる）意味ⓒ、↷の形にぐるりと回って向きを変える意味ⓓに展開する。また、中継ぎを通して物を送る（運ぶ）意味ⓔを派生する。ころぶ（つまずいて倒れ

る）意味ⓕは日本的用法。〔英〕turn round, revolve; rotate, spin; roll, trundle; transfer, remove, shift; turn; transmit; tumble, fall〔熟語〕ⓐ回転・旋転・ⓑ転石・ⓒ移転・変転・ⓓ転向・反転・ⓔ転送・転漕・ⓕ転倒（加納2014：960-961）

日本語

【逆回転】

逆の方向に回転すること。（国語辞典4：288）

【回転】

くるっとまわること。また、まわすこと。②平面や空間の図形や物体が、その各点の相互の位置関係を変えることなく、ある点や直線のまわりを一定角だけまわること、あるいは、まわりつづけること。また、そのまわす操作。③事に応じて次々と考えをめぐらすこと。④物事が初めから終わりまでめぐる一巡。特に、飲食店などで、客が次々に入れかわる効率。また、投資された資金が回収されるまでの一巡。⑤「回転競技（かいてんきょうぎ）」の略。（国語辞典3：246-247）

【逆転】

ある方向に向いていたものが反対の方向に回転すること。②進行方向がいままでとは反対になること。③状況や事のなりゆきなどが今までと反対の方向に向かうこと。④飛行機が宙返りをすること。（国語辞典4：295）

3　海女

海は、ウニのような海の幸をもたらし、海女の活動を可能にする。しかし、海は人間にとっては津波のような不幸をもたらす。ただし、津波は海そのものにとってはおそらく一つの現象にすぎないものであろう。にもかかわらず、海というものの恩恵によって生きる人間にとって津波は不幸であると言わざるを得ない。そこで問われるのは、この海というものとの関係で人間はどのように生きていくのか、ということである。

素潜りによって海の幸を得る方法は、人間が海に関わり海の幸に恵まれる仕方として最も直接的なもの、そして根源的なものと言えるかもしれない。

ドラマでは「北の海女」と呼ばれているが、実際には「北限の海女」と呼ばれる海女についての説明を聴こう。

北限の海女

北限の海女とは

総延長１８０㎞にも及ぶ陸中海岸国立公園。

「北限の海女」は、その北部、久慈市の小袖海岸で活躍する海女たちの総称です。

沖合は世界三大漁場の一つに数えられる漁場であり、サケをはじめ、マグロ、カツオ、サンマ、サバ、イカなどが多数水揚げされています。

さらに良質な海藻が育つ磯は、ウニ、アワビなど高級食材の宝庫になっていて、海女たちの格好の漁場になっています。

伝統の漁法を今に伝える「北限の海女」は、今また全国から注目を集めています。

◇海女の誕生

海女のはじまりは明治初頭といわれています。遠洋漁業が発展する中で、男たちが何日も家を空けるようになると、女性たちも畑仕事の合間に海に出てアワビやワカメ、コンブを採り、換金するようになりました。子供たちも一緒に採るようになり、自然と潜水の技術を身につけて海女になっていきました。当時は「海女」の名はまだなく、「かつぎ」と呼ばれていました。

◇「北限の海女」の名付け親

久慈市の海女が有名になったのは昭和34年（1959）に放送のラジオドラマ「北限の海女」がきっかけでした。脚本家の故水木洋子さんは、「ひめゆりの塔」、「裸の大将」、「浮き雲」など、数々の名作を生み出した方で、都会の女性と小袖の海女の出会いと生き方を描いたもので、当時の生活や地域の様子が描かれていました。

◇ひと息でウニ10個も！

素潜りの海女にとって、やっかいなのが海水温。三陸の海は冷たく、漁が終わる頃には体が冷え切ってしまいます。それだけに、素早い潜水が重要で、上手な人はひとかきで2mあまりも進み、獲物の多い10m以上の好ポイントまで一気に潜水します。そして10個ほどのウニを採りヤツカリに入れて浮上してきます。ただ、藻がからみつき身動きがとれなくなったり、ヤツカリが岩場に引っかかったりと危険も背中合わせの漁なのです。

（北三陸「あまちゃん」観光推進協議会　一般社団法人久慈市観光物産協会内　2015.8.10閲覧）

4 「調和」

近代の音楽において「調和」は主に「和声」（和音）という限定のもとで捉えられている。G・W・F・ヘーゲル

(1770-1831) による規定は、その一例であろう。

調和 Harmonie とは質的にちがうものの関係 Verhalten qualitativer Unterschiede であり、しかも、事柄の本質から生じてくる、ちがうものの全体としての関係です。調和は、規則正しさという一面をもつかぎりで、法則性から出てきたものではあるが、同一性やくりかえしの域にとどまるものではありません。質的に異なるものが、区別され、区別のうちで対立や矛盾をもつものとして生かされるだけでなく、それらをまとめる統一の力が働いて、各要素をそれとして立ちあがらせつつ、内的に統一された全体へと包みこみます。このまとまり Zusammenstimmen が調和です。調和は、本質的な側面が全面的に立ちあらわれるとともに、諸側面のたんなる対立が解消し、その相互関係と内面的なつながりが諸側面の統一としてあらわれるところになりたちます。形の調和、色の調和、音の調和（和音）といわれるものはそうしたものです。（美学講義　上 150; TW 13.187）

音でいうと、主音《トニカ》、中音《メディアント》、属音《ドミナント》が本質的にちがう音に当たるもので、それがが一つにまとまると、ちがいのうちに和が生まれます zusammenstimmen。［…］ちがうもののどれか一つがそれだけとりだされてはならないので、それでは調和 Übereinstimmung が壊れてしまいます。（美学講義　上 151；TW 13.188）

（以上、幸津 2014：92-93 参照）

ここに「調和」が規定された上で、それが壊れている状態が想定されている。これは「不調和」であると言えよう。本書では「不調和」→「調和」というプロセスを想定しよう。

ピュタゴラス派の音楽観

ソクラテス（前470/469-399）以前の哲学者たちに関する文献（カーク／レイヴン／スコフィールド）よりピュタゴラス（前570頃―？）の部分（音楽に関するもののみ）を以下に引用する（引用の後の括弧内の数字は引用ページ。DK = Die Fragmente der Vorsokratiker, 5th to 7th eds., by H. Diels, ed. With additions by W. Kranz.［略語表］xii）。

「数」と調律（ハルモニア）［本書では「調和」と呼ぶ］

277　イアンブリコス［(250頃-325頃)］『ピュタゴラス伝』82節（DK58C4）

［…］／さて、［訓戒の］「何であるか」の例としては、次のようなものがある。［…］「デルポイの神託とはなんであるか。――テトラクテュスであり、セイレン［訳注］が歌うときの音階（ハルモニア）と同じものである。」また、「何がもっともそうであるか」の例としては、次のようなものがある。［…］「何がもっとも美しいものであるか？――ハルモニアである」。［…］(301-302)

［訳注　半身は女、半身は鳥のかたちをした怪物で、人を魅了する歌い手。］(302)

［…］二番目［「何がもっともそうであるか」］の例は、箴言の形式としては古いものであるが、内容、言葉遣いともに後の哲学の影響を受けているように思われる。もっとはっきりピュタゴラス派のものだと言えるのは、「何であるか？」のタイプの例であるが、デルポイの神託［…］に関するものがとりわけ重要である。事物に関する知識の真の拠り所となるのは「テトラクテュス」、すなわち最初の四つの自然数であり、これはさまざまな関連のもとにつながっていると考えられている。テトラクテュスの意味は、［…］／理解のためのヒントになるのである（美に関する訓戒を参照［原註］）。

［原註］次の資料も参照されたい。

279　セクストス・エンペイリコス［(前2–3世紀)］『学者たちへの論駁』第7巻94-95節

このことを示すのに、ピュタゴラス派はある時には「万物は数に似ている」と言い、またある時には最も自然学的な誓いの言葉で「永続する自然の源泉であり根であるものを宿すテトラクテュスをわれらに授けられた方にかけて、否」と誓うのを慣わしとした。ここで「授けられた方」というのはピュタゴラスのことであり（彼らはピュタゴラスを神格化していたから）、「テトラクテュス」というのは、四つの基本数から構成されて最も完全な数をつくる数のことである。たとえば、10がそうであり、1、2、3、4で10の数ができる。この数が第一のテトラクテュスである。それが「永続する自然の源泉」と呼ばれるのは、全宇宙がハルモニアに支配されているからである。ハルモニアは三つの協和音——すなわち、4度、5度、オクターブ（8度）——から構成されるものであり、またこれらの三つの協和音には、今述べた1、2、3、4の4つの数の中に比例関係が見られる。(303)

初期ピュタゴラス派にとってこれらの比率がもっているセイレンに言及しているのを見れば多少とも理解しよう。プラトン［(前428/427-348/347)］は彼女らの歌を諸天体がその中を動く天球の音楽に見立てている（『国家』616B-617E［引用者註］、

［引用者註：セイレンへの直接の言及箇所（『国家』617B）参照。
紡錘はアナンケ［(必然)］の女神の膝のなかで回転している。そのひとつひとつの輪の上にはセイレンが乗っていて、一緒にめぐり運ばれながら、一つの声、一つの高さの音を発していた。全部で八つのこれらの声は、互いに協和し合って、単一の音階を構成している。（岩波文庫、下407。同404参照）

［…］）。ハルモニア、すなわち「調律」は、彼らには広い、宇宙論的な意味を有していたのである［引用者註］。

［引用者註：ピュタゴラス派によれば、あらゆるものが「調和」のもとに把握される。この点は、ギリシアの哲学者たちについての有名な古典的著作によって、（音楽史の関心の範囲を越えて広く）西洋文化の歴史を通じてよく知られていたことであろう。次の引用を参照。

徳は調和であり、そして健康も、すべての善いものも、神そのものも調和である。だからまた、世界全体は調和によって成り立っているのである。また、友情とは、調和のある平等のことである。（ディオゲネス・ラエルティオス（3世紀前半ごろ）『ギリシア哲学者列伝』第8巻第1章ピュタゴラス、岩波文庫、下36）］

（以上、幸津 2014：221-224 参照）

クラシック音楽確立の時代におけるピュタゴラス派の音楽観についての解釈（ヘーゲル）

ヘーゲルの『哲学史講義』における当該部分に、詳しい叙述があり、参考になる。［…］

［…］耳の聞きわける音楽上の関係が数学的に定義できること、――和音と不協和音の聞きわけが数学的な比較であることを最初に洞察した人がピタゴラス［ママ 以下同じ］です。耳で聞けば主観的で単純な感覚にすぎないものが、じつは一定の比をなすことをピタゴラスは洞察し、それに知的に明確な定義をあたえました。もっとも単純な数の比に帰着する基本和音の発見は、かれによるものといわれる。こんな話があります。ピタゴラスが鍛冶屋の仕事場のそばをとおりかかったとき、ハンマーをたたく音が特別の和音をかなでていることに気がついた。そこで、かれは、一定の和音をだすハンマーの重さを比較し、それにもとづいて音の比を数学的に確定し、最後に、それをキタラの弦に応用した。最初に演奏された和音は、一オクターブ音程と五度音程と四度音程だったといいます。［…］（哲学史講義　上 211-212; TW18.258）（以上、幸津 2014：228 参照）

ヘーゲルの次の言及は、クラシック音楽確立の時代における「天球のハルモニア」論への捉え方を示すものであろう。

理念の偉大さを、――必然性にもとづく理念の偉大さを、わたしたちはみとめなければなりません。天体の運行は、すべてが数の比であらわされる必然性の体系であり、必然性として把握できる体系であって、――耳に聞こえる音楽の土台とも本質ともなりうる比の体系をなします。ここには世界という建造物の体系、――つまり、太陽系が思想としてとらえられています。ただ、数の比として理解可能なのは太陽系だけであって、ほかの恒星はそれではとらえられません。天体が歌をうたい、天体の運動が音をかなでるという考えは、感覚の証言は得られないものの、太陽の静止と地球の運動と同様、わたしたちの知性にうけいれやすいものです。[…]

音にこだわることはないでしょう。天球の音楽というのは壮大な空想的イメージといってよく、わたしたちを本当にひきつけるものではありません。しかし、運動を分量として、すなわち、数ないし数の比の必然的な体系としてあらわすという理念は、かけがえのないものです。というのも、差異や相互関係が数や大きさとしてあらわされるのは天体の場合しかなく、それは天体のありかたそのものを、つまり、時間と空間という純粋な場に存在する天体のありかたをしめすものだからです。天体が不動の関係にあり、それが理性的な調和 harmonisch をなしているというのは、今日なお通用する思想です。[…]（哲学史講義　上 214-215 ; TW18.262-263）

[…]

このように、クラシック音楽確立の時代におけるピュタゴラス派の音楽観についての解釈（ヘーゲル）においては、一方で「天球のハルモニア」は音楽としては否定されるが、他方で天体の運行の法則として「調和」という捉え方は否定されてはいない。このことは、近代において音楽については「調和」の範囲が「和声」に限定して用いられるようになったことに対応しているであろう。

（以上、幸津 2014：229-234 参照）

5 「貢献人」

近年〈貢献〉する態度を原理的に探究する立場として、人間の「貢献する気持ち」のうちに「ホモ・コントリビューエンス」としての人間像を見る立場（滝久雄 2001『貢献する気持ち　ホモ・コントリビューエンス』紀伊國屋書店）が提唱されている。この立場は、一つの希望をわれわれに抱かせる。すなわち、〈人間〉というものには本来この人間像の示すような在り方（本書では「貢献人」と呼ぶ）をする可能性があるかもしれない、という希望である。

一般に人間を全体として描こうとするとき、どこに焦点を当てるのかという点については『貢献する気持ち』の著者による一人ひとりの人間の人生の「人生のモード」の把握とその中での「貢献心」の位置づけが参考になる。同著者によれば、「人生のモード」は一般に「遊び」・「学習」・「仕事」・「暮らし」の四つのモードから形づくられているのであるが、さらに第五のものとして「貢献」を挙げることができるという（滝 2001：75-78 参照）。そこで同著者が「人間に固有な本能」であると考える「貢献心」に着目すると浮き彫りにされてくるという「新しい人間の全体像」は「ホモ・コントリビューエンス」（Homo contribuens）と名づけられ、「貢献仲間」を意味するものであるとされる（同10、77参照）。

このラテン語名を日本語に直訳すれば、同著者自身は用いていないが、「貢献人」となろう。本書としては、同著者による命名の文脈からは一応離れて、〈貢献〉する〈人間〉という本書の文脈によって、また同著者の挙げている従来の他の人間像の名称（「ホモ・ルーデンス」＝「遊戯人」、「ホモ・サピエンス」＝「知性人」、「ホモ・ファーベル」＝「工作人」同77参照）との対比をも考慮して、本書の主題である人間像の名称を日本語で表現して、「貢献人」と名づけることにしよう。ただし、これに対応する外国語名については、同著者によるラテン語名に従うことにしたい。

同著者によれば（滝 2001：78-79 参照、以下同ページ）、四つの「モード」と第五の「貢献」という「モード」とには次の違いがあるという。前者で説明されるものが「人生の個人的な側面」であるという。

事実、「遊び」、「学習」、「仕事」、「暮らし」といった四つのモードだけで説明されるものは、人生の個人的な側面だ。もしそれを自分の現実にあてはめようとしても、どこか自分の存在感を欠くものにならざるをえない。なぜならそれは、あたかも個人の人生を分析的にとらえて、他者との関係を考慮することがないからである。その考え方は一見客観的に思われるかもしれないが、人生が総合的なスペクトルを放ち、しかもとどまるところがない変化を教えてくれはしない。

これに対して同著者は、後者の「貢献」という「第五のモード」について言う。

先の四つのモードに、新しい「貢献」という第五のモードを加えると、人生の展望がずっと明るくなってくる。しかもそこから人と人との結びつきが滲み出し、ある拡がりをもって感じられ、「自分」が一層鮮明に浮き彫りにされることがわかる。

これは、興味深い指摘である。つまり、「人生の個人的な側面」を示すものが「自分」の輪郭を示すのではなくて、かえって「他者との関係」において「自分」が浮き彫りにされるというのである。こうして「他者との関係」が「自分」の内容を支えることになるわけである。同著者は、それを「人生の地図」としている。すなわち、

第五の「貢献」モードを他の四つに加えることで、前途に何が起こるかもしれない人生について、今からおおよその地図が描けるようになる。このモードを頭の隅に置いておくかぎり、人生への充実感が拡がって、節目々々で迷ったと

き不足しがちな決断力を補い、自分が進むべき道を選択するためのいわば補助線になるのである。

他の四つの「モード」では「カバーし切れない人生の領域」として、ボランティア、地域社会での公共的活動、他人のための自発的な行動、親子の関係などが挙げられている。そこでこそ「ホモ・コントリビューエンス」の概念が働くとして、そのことを感得するようにと勧められている。

また「貢献」モードは、他の四つのモードではカバーし切れない人生の領域を明確に縁どる。たとえばボランティアというような「仕事」とも「暮らし」ともつかない、かといって「遊び」でも「学習」でもない行為の領域が挙げられる。また「仕事モード」と関係しながら、経済行為とは判断しがたい地域社会での公共的活動や、他人のための自発的な活動や、さらには親子の関係などあらゆる人間関係に起きる事柄の本質が、「ホモ・コントリビューエンス」の概念を通して明瞭に見えはじめるのを実感して欲しい。自分にもまた他人にも、貢献心があると観ずることをさまざまなケースで自ら感得し、修得していただきたいのである。

（以上、幸津 2012 : 100-103 参照）

6　神観念

神観念には、ここでの海の神とは異なった仕方で捉えるものもある。すなわち、自然現象を神の意志の表現として捉える神観念である。たとえば、キリスト教では「ノアの方舟」（『聖書』からの引用では「箱舟」、後掲参照）において起きる洪水は、神の意志による（西山 1998:39、長谷川 2014:28 後掲参照）。このような神観念に基づくならば、自然の働きとしての津波をノアの洪水の場合のような神の意志と見ることもできるかもしれない。そのように見るならば、自然の働きに対して別の立場をとることもありうるであろう。しかし、本ドラマは、そのような神観念に基づいているのではない。そこでは神は、あくまで怖れつつも感謝を捧げる神として捉えられている。

キリスト教の信仰においては、自然災害のような事態が神の意志に基づくことは、おそらく人間たちの共通の認識として前提されるであろう。しかし、キリスト教信仰の場合でも、人間たちは目の前の洪水の事実に対しては聖書の立場とは異なった立場をとることもあるようである。すなわち、彼らは洪水を神の意志として受け止めるのではなくて、洪水から救ってくれるように神に対して祈るのである。人間の生命尊重の立場に立てば、当然のことであろうが。

カペル『洪水がやって来た』

1953年2月1日オランダ南西部ゼーランド地方を中心とするデルタ地帯におこった大洪水事件（訳者あとがき、カペル 1973: 217 参照）が扱われている物語『洪水がやって来た』の中に次のようなシーンがある。

ストウチェスデイクは、おもわずうめき声をあげた。こんなひどい光景《こうけい》は、およそいままでに見たことがない。ノアのいた時代におこった、あの大洪水《だいこうずい》も、たぶんこんなふうだったにちがいない。これは、それにつづく二番目の大洪水《だいこうずい》だろうか？（カペル 1973 : 66）

「わたしたち、人間に助けをもとめることは、もうできなくなったのよ。」
ブラムの母がくりかえした。そのおちついた母のことばが、ブラムをおどろかせた。
母はことばをつづけた。
「こんなときですもの。だれもが、わたしたちとおなじ目にあっているのよ。もしかすると、この島が、そっくりわ。」

父［ストウチェスデイク］がいった。

「わたしたちは、神さまにおすがりしようではないか。」

このことばを、みんなはもうべつに不思議《ふしぎ》とも思わなかった。

ブラムは、両手をくみ、目をとじた。生きるか死ぬかのせとぎわのなかで、ブラムの父は、いままでになかったほどの真剣《しんけん》な祈《いの》りをささげた。波や、暴風《ぼうふう》のやかましい音がきこえていた。水が家にはげしくぶつかっていた。しかし、屋根裏《やねうら》に避難した人たちは祈りつづけた。

「おお神さま。このあぶないとき、わたしたちの命は、あなたのお手の中にあります。わたしたちをおそっている水から、わたしたちをお助けください。おお神さま、わたしたちは、あなたさまにおすがりしています。洪水《こうずい》は、わたしたちをのみこもうとしています。しかし、わたしたちは、あなたが、わたしたちのねがいをおききくださることを、よくぞんじております。そのことが、わたしたちの心をしずめてくれております。アーメン。」

ブラムは、この瞬間《しゅんかん》を、けっして、いつまでも忘《わす》れないだろう。少年の目は、ひとつのものから、ほかのものへとうつっていった。危険は一分ごとに大きくなっていく。しかし、みんなは、これからどうなっていくかについては、いまではおちついた気持ちで、それを迎《むか》えることができるようになった。

母が、うたいはじめた。ほかのものも、それに声をあわせた。水と風のどよめきのなかで、歌をうたうとは、たいていならおかしなことだ。しかし、この屋根裏《やねうら》では、おかしなことだと思うものは、ひとりもいなかった。（カペル 1973: 70-72)

ノアの洪水

『聖書』によれば、神は人間の堕落ゆえに、ノアを例外として人間を滅ぼす。

この地《ち》は神《かみ》の前《まえ》に堕落《だらく》し、不法に満《み》ちていた。神《かみ》は地《ち》を御覧になった。見《み》よ、それは堕落し、すべて肉《にく》なる者《もの》はこの地《ち》で堕落の道《みち》を歩《あゆ》んでいた。神《かみ》はノアに言われた。

「すべて肉《にく》なるものを終《お》わらせる時《とき》がわたしの前《まえ》に来《き》ている。彼《かれ》らのゆえに不法が地《ち》に満《み》ちている。見《み》よ、わたしは地《ち》もろとも彼《かれ》らを滅《ほろ》ぼす。

あなたはゴフェルの木《き》の箱舟《はこぶね》を造《つく》りなさい。」（創世記　6：11-14）

「見《み》よ、わたしは地上に洪水《こうずい》をもたらし、命《いのち》の霊《れい》をもつ、すべての肉《にく》なるものを天《てん》の下《した》から滅《ほろ》ぼす。地上のすべてのものは息絶《いきた》える。」（創世記　6：17）

こうして洪水がおこる。神の命で箱舟を造り、命じられたものだけを乗せたノアは洪水の犠牲になることから免れる。

地《ち》の面《おもて》にいた生《い》き物《もの》はすべて、人《ひと》をはじめ、家畜、這《は》うもの、空《そら》の鳥《とり》に至《いた》るまでぬぐい去《さ》られた。彼《かれ》らは大地《だいち》からぬぐい去《さ》られ、ノアと、彼《かれ》と共《とも》に箱舟《はこぶね》にいたものだけが残《のこ》った。（創世記　7：23）

そして地が乾いた後について次のように言われている。

ノアは主《しゅ》のために祭壇《さいだん》を築《きず》いた。そしてすべての清《きよ》い家畜と清《きよ》い鳥《とり》のうちから取《と》り、焼《や》き尽《つ》くす献《ささ》げ物《もの》として祭壇《さいだん》の上《うえ》にささげた。主《しゅ》は宥《なだ》めの香《かお》りをかいで、御心に言《い》われた。

「人《ひと》に対《たい》して大地《だいち》を呪《のろ》うことは二度《ど》とすまい。人《ひと》が心《こころ》に思《おも》うことは、幼《おさな》いときから悪《わる》いのだ。わたしは、この度《たび》したように生《い》き物《もの》をことごとく打《う》つことは、二度《ど》とすまい。
地《ち》の続《つづ》くかぎり、種蒔《たねま》きも刈《か》り入《い》れも
寒《さむ》さも暑《あつ》さも、夏《なつ》も冬《ふゆ》も
昼《ひる》も夜《よる》も、やむことはない。」（創世記　8：20-22）

神が「二度とすまい」と思ったにもかかわらずおこったオランダでの洪水は、キリスト教の信仰からすれば、登場人物の言う「二番目の大洪水」だったのかもしれない。

「ノアの洪水」については、以下の文献にしたがう。

「『ノアの洪水』の話は、おもにシュメールやバビロニアで語り継がれていた『ギルガメッシュ叙事詩』を下敷きにしているが、洪水伝説を含めてこの叙事詩が旧約聖書に与えた影響はきわめて大きい。［…］『ギルガメッシュ叙事詩』では下界の騒音に業を煮やした神が洪水をおこしたとされるのに対し、聖書では神との契約に耐えうる人間を生かすために、他の生き物を滅ぼしたことになっている。神話のレベルで考えれば、洪水は調和世界の誕生に先立つ混沌に相当する。」（西山 1998:39）

「作物に大損害を与え、さらには家屋を流し去り、人命までも奪うことのあった大洪水は、古代メソポタミアの人々に怖れられていたにちがいない。当時の人々にとって、暴風雨や雷、地震など、予測できないこうした自然災害はすべて神々の思し召し、とされたのである。／しかし同時に、洪水物語は敬虔な人間がただ一人、神の好意を受け、その命令に従ったことにより生きながらえ、再び人間が増えていくさまをも描いている。／ウタ・ナピシュティやノアなど、未曽有の大洪水を生き残る人物には、こうした破壊的な自然災害にも立ち向かい、神の加護を得て社会を復興していく現実の人間たちの姿がそこに重ねられているのだろう。／聖書の場合、イスラエル人の唯一の神以外はすべて偽物の神とされている。したがって、創世記の物語で洪水を起こしたのは、複数形の『神々』ではなく、彼らが崇拝していた唯

一の神である。」（長谷川 2014:28）

「ノアの方舟の物語は、一神教という枠組みの中でメソポタミアの洪水伝承を捉え直したもの、言うなれば『メソポタミアの洪水伝承の一神教バージョン』なのである。」（長谷川 2014:29）

別の神観念のもとでのことについて、次の文献の言及が参考になる。

「神罰としての洪水というモティーフは、決して一般的ではない。東南アジアからオセアニアにかけての地域も独自の洪水神話の分布領域をなしている。この地域には、宇宙の二大原理あるいはその代表者が相争う過程において洪水が生じたという形式が点々と分布している。［…］日本神話において山幸彦が潮みつ珠で高潮を生じさせて海幸彦を苦しめた話もこの系列に入る。」（大林太良 1991「洪水神話」、世界宗教大事典 625）

山幸彦と海幸彦（日本神話）

先の引用での日本神話の部分に対応する『古事記』（原文＝漢文の書き下し文）の箇所は以下の通りである。

ここをもちて、備《つぶさ》に海神《わたつみのかみ》の教へし言《こと》の如く、その鉤《ち》を与へたまひき。かれ、それより以後《のち》は稍兪《やくやく》に貧しくなりて、更に荒き心を起して迫《せ》め来《く》。攻めむとする時は、塩盈珠《しほみつたま》を出して溺らし、それ愁へ請へば、塩乾珠《しほふるたま》を出して救ひ、かく惚《なや》まし苦しめたまふ時に、稽首白《のみまを》さく、「僕《あ》は今より以後《のち》、汝命《いましみこと》の昼夜《ひるよる》の守護人《まもりびと》となりて仕へ奉らむ」とまをしき。

（古事記（上）202-203）

〈現代語訳〉こういうわけでホヲリノ命［山幸彦］は、いちいち海神の教えた言葉どおりにして、その釣り針を兄君にお渡しになった。それでそれ以後は、ホデリノ命［海幸彦］はだんだんに貧しくなって、さらに荒々しい心をおこして攻めて来るようになった。ホデリノ命が攻めて来ようとするときは、潮満珠《しおみつたま》を出して溺れさせ、それを苦しがって助けを乞うときは、潮干珠《しおふるたま》を出して救い、こうして悩ませ苦しめられるときに、兄のホデリノ命が頭を下げて言うには、「私はこれからのちは、あなた様の昼夜の守護人《まもりびと》となってお仕えいたしましょう」と申しあげた。

（古事記（上）205）

ドラマにおける神の規定は、『潮騒』における神の規定と共通であろう。

「八代神社は綿津見命《わたつみのみこと》を祀《まつ》っていた。この海神の信仰は、漁夫たちの生活から自然に生まれ、かれらはいつも海上の平穏を祈り、もし海難に遭って救われれば、何よりも先に、ここの社《やしろ》に奉納金を捧《ささ》げるのであった。」（三島　6）

7　『潮騒』

『潮騒』（1954.4.4、三島 188 参照）の当該部分を引用する。

「初江！」

と若者が叫んだ。

「その火を飛び越して来い。その火を飛び越してきたら」

少女は息せいてはいるが、清らかな弾んだ声で言った。裸の若者は躊躇しなかった。爪先に弾みをつけて、彼の炎に映えた体は、火のなかへまっしぐらに飛び込んだ。次の刹那《せつな》にその体は少女のすぐ前にあった。彼の胸は乳房に軽く触れた。『この弾力だ。前にセエタアの下に俺が想像したのはこの弾力だ』と若者は感動して思った。二人は抱き合った。

少女が先に柔らかく倒れた。

「松葉が痛《いと》うて」

と少女が言った。手をのばして白い肌着をとった若者はそれを少女の背に敷こうとしたが、少女は拒んだ。初江の両手はもはや若者を抱こうとはしなかった。膝をすくめ、両手で肌着を丸めて、丁度子供が草叢《くさむら》のなかに虫をつかまえたときのように、それでもって頑《かたく》なに身を護《まも》った。

そうして初江が言ったのは、道徳的な言葉である。

「いらん、いらん。……嫁入り前の娘がそんなことしたらいかんのや」

ひるんだ若者は力なく言った。

「どうしてもいかんのか」

「いかん」——少女は目をつぶっていたので、訓誡《くんかい》するような、なだめるような調子がすらすらと出た。「今はいかん。私《わし》、あんたの嫁さんになることに決めたもの。嫁さんになるまで、どうしてもいかんなア」

新治の心には、道徳的な事柄にたいするやみくもな敬虔《けいけん》さがあった。第一彼はまだ女を知らなかったので、このとき女という存在の道徳的な核心に触れたような気がしたのである。彼は強いなかった。

若者の腕は、少女の体をすっぽりと抱き、二人はお互いの裸の鼓動をきいた。永い接吻《せっぷん》は、充たされない若者を苦しめたが、ある瞬間から、この苦痛がふしぎな幸福感に転化したのである。やや衰えた焚火《たきび》は時々はね、二人はその音や、高い窓をかすめる嵐の呼笛が、お互いの鼓動にまじるのをきいた。すると新治は、この永い果てしれない酔い心地と、戸外のおどろな潮《うしお》の轟《とどろ》きと、梢《こずえ》をゆるがす風のひびきとが、自然の同じ高調子のうちに波打っていると感じた。この感情にはいつまでも終らない浄福があった。（三島 79-81）

ロンゴス『ダフニスとクロエー』（「二世紀後半—三世紀前半」、松平千秋「解説」、ロンゴス 188 参照）

『潮騒』はロンゴス（「3世紀に活躍」、世界人名辞典 1276 参照）の『ダフニスとクロエー』を下敷きにしているという（その関連について佐伯彰一「解説」の当該部分（三島 204-206）参照。松平千秋「解説」ロンゴス 203 でも言及されている)。たとえば、次のような描写に後者の雰囲気がよく表れている。

ダフニスは自分の小さな笛をパーンに奉納してから、あたかも本当に逃げたのをやっと見つけたような思い入れでクロエーに接吻し、すでに日も暮れていたので、笛を吹いて家畜を小屋に連れかえり、クロエーもまた笛の調べで羊を集めて山羊は羊の近くに並んで進み、ダフニスもクロエーにぴったりと寄り添って歩いたので、二人は夜になるまで、お互いに心ゆくばかり幸福な想いにひたることができた。そしてあくる日はもっと早い時刻に家畜たちを牧場へ連れてゆこうと約束しあい、約束どおりに、夜が明けるとさっそく牧場に出て、まずニンフたちに、次にパーンに挨拶し、そうしてから樫の根もとに坐って二人で笛を吹いた。それから接吻をかわして抱きあって横になったが、それ以上は何もせずにまた起きあがった。それから食事も一緒にとり、葡萄酒に乳を混ぜて飲んだりもした。

こうして睦《むつ》みあっているうちに、だんだん気持もたかぶり大胆にもなって、恋人らしい言い争いもしながらやがて愛の誓いをかわすまでになった。ダフニスは松の木の根もとへ行って、クロエーなしでは一日たりとも生きるつもりはないとパーンに誓うと、クロエーはニンフの洞窟に入って、ダフニスとは喜んで生死をともにするとニンフたちに誓言した。ところでクロエーはうら若い娘の無邪気さから、洞を出るともう一度ダフニスに誓ってほしいとせがんだ。

「ねえダフニス、パーンは浮気な神さまで、あまり信用できない方でしょう、ピテュスに恋したと思うと、シュリンクスにも恋をする、いつまでたっても木の精《ドリュアデス》を困らせたり、家畜をまもって下さるニンフたちに迷惑をかけたりしっぱなしなんだから。そんな神さまだから、あなたが誓いを守らなくても、ちゃんと罰しては下さらないでしょう、たとえあなたがこの笛の管よりもたくさんの女の人を好きになってもね。だからこの山羊たちと、あなたを育ててくれた牝山羊にかけて誓ってちょうだい、クロエーがあなたを裏切らずにいるあいだは、決して捨てないとね。もしわたしがあなたとニンフさまたちに不実な女になった時はには、わたしを捨てもし、憎みもし、狼のように殺してもいいわ」

クロエーの疑り深さがダフニスにはかえってうれしく、山羊の群れの中に立つと、一方の手で牝山羊を、もう一つの手で牡山羊をつかんだ。クロエーが自分を愛しているかぎり、自分もクロエーを愛すると誓い、万一クロエーがダフニス以外の男に心を移す場合には、クロエーを殺すかわりに自分が死ぬといった。羊を飼う若い娘の素直な気持からクロエーは喜び、誓いの言葉を信じたのであったが、それは、山羊や羊は山羊飼いや羊飼いにとっては、自分たちだけの特別な神さまなのだと、クロエーは思っていたからである。（ロンゴス 81-83）

8　マーメイド

海女を「マーメイド」と形容する根拠は不明であるが、海と陸との境界に生きる海女には「マーメイド」が想起されるのであろう。素潜りをする海女に悲しみを秘めた姿で想像される「人魚」のイメージが重ねられる。『あまちゃん』の海女とはイメージが異なるのだが。

そのイメージを一つの物語の中で与えるものとしては仏教的なイメージからは離れるが、H・C・アンデルセン（1805-1875、世界人名辞典64参照）や小川未明（1882-1961、小川カバー参照）の童話が挙げられよう。それらにおいては、人間との相似および相異が描かれる。

アンデルセン「人魚姫」（1835、初版訳者序、アンデルセン3参照）

「おばあ様、人間というものは、おぼれて死にさえしなければ、いつまでも生きていられるのですか。」と、姫はたずねました。「わたしたち海の底の者のように、死ぬということがないのでしょうか。」

「なんの、おまえ、人間だって死ななければならないのですよ。」と、お年寄りは言いました。「おまけに、人間の一生は、わたしたちの一生よりもずっと短いのです。わたしたちは三百年も生きていられるのですからね。そのかわり、わたしたちは、一生が終わると、水の上のあわになってしまいます。そのため、この海の底のなつかしい人たちのところで、お墓に眠るということができないのです。わたしたちには、不死の魂というものがないのです。

あの世に生まれかわるということもありません。わたしたちはちょうど、緑のアシのようなもので、一度、刈りとられたら、もう二度と緑の芽を出すことはありません。ところが人間には、魂というものがあって、肉体が死んで土になったあとでも、それはいつまでも生きているのです。そして、澄んだ大気の中を、キラキラ光っているお星さまのところまでのぼって行くのです。わたしたちが海の上まで浮かんで行って、人間の国々をながめるように、人間の魂は、わたしたちの決して見ることのできない、未知の美しい世界へのぼって行くのです。」

「どうして、わたしたちには、不死の魂がさずからないのでしょう?」と、人魚姫は悲しそうに言いました。「たった一日でも人間になれて、死んだらその天国とやらへ行くことができますなら、わたしにさずかった何百年という命だって、残らず、捨てても惜しいとは思いません。」

「そんなことを考えるもんじゃありません。」と、お年寄りは言いました。「わたしたちは、あの上の世界の人間よりも、ずっと仕合わせなんですよ。」

「では、わたしも、死んだら、海のあわになって漂わなければならないのでしょうか。もう波の音楽も聞かれず、きれいな花や、赤いお日様を見ることもできないのでしょうか。永遠の魂をさずかるための方法は、何もないのでしょうか。」——

「ありませんよ!」と、お年寄りは言いました。「けれども、ただ一つ、こういうことがあるんだよ。人間のうちのだれかが、おまえを心から愛して、両親よりもおまえのほうをいとしく思うならば、そして、まごころと愛情とをすっかりおまえにそそいで、やがて、神父さんにお願いして、その人の右手をおまえの右手におきながら、この世でもあの世へ行っても、いつまでも変わらないまごころと誓いとを立てさせてくださるならば、その時こそ、その人の魂がおまえのからだにのりうつって、おまえも人間の幸福にあずかることができるんだそうだよ。つまり、その人はおまえに、魂をわけながら、自分の魂はそのまま持っているというわけなのね。けれども、そんなことは起こりようがないよ。なぜって、この海の底では美しいとされている、おまえのその魚の尻尾だって、陸の上では、みにくいものと思われているんだからね。人間にはその使いみちがわからないんだね。それで、二本のぶかっこうな、突っかい棒なんか持って、それをお上品ぶって、脚《あし》なんてよんでいるんですよ。」

人魚姫はため息をついて、悲しそうに自分の魚の尻尾をじっとながめました。(アンデルセン 135-137)

小川未明「赤いろうそくと人魚」(1921、小川カバー参照)

「人間の住んでいる町は、美しいということだ。人間は、魚よりも、また獣物《けもの》よりも、人情があってやさしいと聞いている。私《わたし》たちは、魚や獣物の中に住んでいるが、もっと人間のほうに近いのだから、人間の中に入って暮らされないことはないだろう」と、人魚は考えました。

その人魚は女でありました。そして妊娠《みもち》でありました。……私たちは、もう長い間、このさびしい、話をするものもない、北の青い海の中で暮らしてきたのだから、もはや、明るい、にぎやかな国は望まないけれど、これから産まれる子供に、せめても、こんな悲しい、頼りない想いをさせたくないものだ。……

子供から別れて、独り、さびしく海の中で暮らすということは、このうえもない悲しいことだけれど、子供がどこにいても、しあわせに暮らしてくれたなら、私の喜びは、それにましたことはない。

人間は、この世界の中で、いちばんやさしいものだと聞いている。そして、かわいそうなものや、頼りないものは、けっしていじめたり、苦しめたりすることはないと聞いている。いったん手づけたなら、けっして、それを捨てないとも聞いている。幸い、私たちは、みんなよく顔が人間に似ているばかりでなく、胴から上は人間そのままなのであるから――魚や獣物《けもの》の世界でさえ、暮らされるところを思えば――人間の世界で暮らされないことはない。一度、人間が手に取り上げて育ててくれたら、きっと無慈悲《むじひ》に捨てることもあるまいと思われる。……

人魚は、そう思ったのでありました。(小川 8-9)

註

註1　このシーンでのアキおよび春子それぞれの動きについて細馬 2013:128-130 参照。このドラマの会話について自然だと指摘されている。同 4-5 参照。

註2　本書での〈自分〉探しには、いわゆる「自分探し」現象との直接的な関係があるわけではない。しかし、一人ひとりの人間の存在がそれぞれ〈自分〉と捉えられるかぎりで、事柄としては重なる部分もあるかもしれない。その点についての論究は本書の範囲を越える。「自分探し」現象については、速水 2008 参照。

註3　これは、ドラマ『あまちゃん』の脚本家の元々の発想とは別のことである。この点について原作者の脚本家宮藤はもっとゆるやかにドラマを発想したようである。宮藤は言う。「震災があったから舞台に選んだとかそういうことではなく、僕の書きたいことを表現する場所として東北が最適だった、ということです。ドラマでは、震災のことも描かれますが、それも含めて〈あまちゃん〉全26週のメッセージ。僕としては、全国の皆さんに楽しんでもらえて、元気になってもらえるような作品を作りたいというのが、発想の原点です。」（メモリアルブック 110）

２０１１年6月、脚本家との最初の打ち合わせで「地元アイドルによる町おこし」というドラマの「土台のようなもの」が誕生していたという（訓覇圭（チーフ・プロデューサー）「〈あまちゃん〉な日々」、メモリアルブック 108 参照）。ドラマのイメージは、制作の最初からはっきりしていたわけである。

脚本家は、２０１１年11月時点でスタッフとともに久慈に視察に出かけ、その帰りの新幹線車中で、アキもユイもいるなどドラマの具体的な構想を話していたという（井上剛（チーフ演出）「始まりは全て」シナリオ1：4参照）。東日本大震災後、約8か月の時点で先のドラマのイメージがほぼその形を整えて構想されていたことになる。

震災の描き方をめぐって議論があったようである。「原発問題をもっと直接的に描くべきだったと批判する声」に対して、「春子というキャラクターの人生を通して本作が描いていたのは、まさに原発を受け入れなければやっていけなくなってしまった地方の歴史そのものである」として『東北』というものが受け止めてきた、受け止めざるを得なかったものを描きだした作品」は「稀有なはずだ」（宇野常寛「過ぎ去りし「テレビの時代」への想い――『あまちゃん』放映終了に寄せて」、メモリーズ 213 参照）という指摘がある。

註4　記録そのものあるいはノンフィクションのいくつかの例について、幸津 2012 参照。また映画化された例について、幸津 2013 参照。

註5　ジオラマによって被災の状況が示されることについて、次の解釈は参考になる。「実際の映像が出ないことによってドラマは、東日本大震災だけではなく、長い地球の歴史の中で起こってきた多くの悲しい出来事の記憶を包括している気がしました。」（木俣冬「週別『あまちゃん』おさらいレビュー　社会現象と化した『あまちゃん』の魅力を解剖」ファンブック2：76）

註6　このドラマの音楽創作の機微に触れた作曲家の言葉を聞こう。大友良英インタヴュー（松山晋也）：［テーマ曲について］「60年代の日本の喜劇みたいな、スチャラカの感じを出したかった。一応、全体のトーンは喜劇ということだったし。で、自分の子供の頃の喜劇って何だったろうかと考えてまずクレイジー［キャッツ］ぽいものにした。あと、現代と80年代が舞台で、アイドルの話だから、サビには歌謡曲ぽい要素も入れたいなと」――中間部のサビの部分ですね。「そう。あそこはもう、松田聖子などの典型的なコード進行。あのコードを使えば、みんなが80年代的なものを思い出してくれる。その上にスカぽいビートやチンドンのニュアンスを加えた。スカぽいビートを乗せたのは、三陸の鉄道に乗った時、ズンチャズンチャって感じがしたから」（ミュージック・マガジン　31）［横浜生まれの福島育ちの大友の宮藤脚本に対する感じ方について］「深いシンパシーを感じます。特に方言。東京出身のアキちゃんが訛っているのに対し、東北出身のユイちゃんが標準語をしゃべっている。あの状況は、自分の経験上すごくわかる。［…］訛りの度合いで、登場人物のその時の精神状態や人間関係の変化がわかるようになっている。［…］宮藤さんは、東北人独特の自虐的

な笑いの感覚を、洗練された形で書いている。僕自身の中の微妙なトラウマも、すーっと溶けていくような感じだった」――そのシンパシーは大友さんの音楽にも反映されているのでは？「そうなんですよ。たとえばスカでもチンドンでもいいけど、あれはヨーロッパの標準的音楽、リズムに対する一種の訛りだとも言える。音楽にもヒエラルキーがあるように見えるでしょう。たとえば、僕は子供の頃、ビートルズはカッコよく聞こえるけどチンドン屋の音楽はカッコ悪く聞こえた。それは言葉の訛りの問題に似ている。そういう意味でも、今回は音楽における訛りをどんどん放り込んでいきたいと思った。」（ミュージック・マガジン 33-34）

またこのドラマについて音楽面からの評価を参照しよう。そのような評価として音楽とドラマとの結合が注目されている。たとえば次の評価は、『あまちゃん』が〝革命的なドラマ〟であるとし、その理由をその「音楽ドラマ」という性格に求めている。「過去に類例のない音楽ドラマだ［…］大友良英のオープニング・テーマと劇中音楽の作曲家と演奏者が同一で、ドラマとキャストと音楽が見事に重なり合っている、という点がまず素晴らしい。脚本と演出が巧みなことはいうまでもないが、主旋律とそこから派生するさまざまな音楽がドラマの主要キャラクターを際立たせると同時にキャラが音楽を際立たせている。その相互作用が、見ていて気持ちいいほどだ。ドラマ全体の魅力が乗数的に膨らんでいく効果もある。ドラマが音楽であり、音楽がドラマになっているということだ。」（篠原章「『あまちゃん』はこれまでのドラマとまったく別格の、〝革命的な〟ドラマである」（ミュージック・マガジン 37-38）同様の評価を参照。市川哲史「『あまちゃん』は日本初にして史上最強の「音楽劇」である」（大研究 118）。

註７　「最初の若者文化の象徴」としての『いつでも夢を』のエピソードで、このドラマに「戦後史全体の総括としての役割」が加えられることになったという歴史的な位置づけは、このドラマおよびその音楽の把握について重要な指摘である。中川大地「全１５６エピソード完全レビュー」メモリーズ 127 参照）

註８　アキが「あらゆる障害を乗り越えていく存在として描かれてい」るとし、この表現について「ドキッとしたので

す。アキが三途の川という生と死の境のマーメイドになれるかという話だったりしちゃうの?と。それは生と死であり、現実と夢であり、ってことなんでしょうかね。」と解釈するのは示唆的である。宮藤は過去作品の劇中歌ですでに「あの世とこの世の間をはじめ、あらゆるものの間のことを書いている」という。ここでの「間」とは固定された何か対象ではなくて、あらゆるものの関係そのものと考えられる。そこには固定された実体というものはなく、存在するのは「間」だけであるということになろう。そうであるとすれば、このドラマは「空」の立場に近いところに立っているということになるであろう。木俣冬「宮藤官九郎が切り拓いた朝ドラの新たな地平」、ファンブック1：84参照)

「三途の川の」という形容は、「三途の川」の次の語義から見て、海女＝マーメイドが「空」に向かう存在であることを示しているであろう。

「三途の川」：仏語。人が死んで冥途に行く途中に越えるという川。川に緩急の異なる三つの瀬があって、生前の罪業によって渡る場所が異なり、川のほとりには鬼形の姥がいて衣も奪い取るという。三瀬川(みつせがわ)。しょうずか。しょうずがわ。さんずがわ。三途の大河。(国語辞典6：335)

註9　「三途の川」という歌詞の意味について「歴史性を否定した意味のないもの」、同じく「三代前から」について「歴史を語る意味のあるもの」という解釈(宇野常寛、メモリーズ36参照)が参考になる。

チーフ演出・井上剛インタビュー後編「宮藤さんからのラストメッセージ!?」：『来てよ　その〝火〟を飛び越えて』というのは多分『来てよ　その〝日(3・11)〟を飛び越えて』。「また東北に来てね」ということだと思います。」www.nhk.or.jp/program/amachan/2015.8.7 閲覧、同じ趣旨の解釈として大研究211参照。

註10　この点にはアイドル論の立場からの批判がある。「最後は地元アイドルが輝く――という物語の構成上、東京の芸能界のグループアイドルは、皮肉な視点によって否定的に描かれた。端的に言えば、GMTとしてパロディ化されたAKB48であり、このドラマで唯一の汚れ役・荒巻太一としてデフォルメされた秋元康である。もう言ってし

まってもいいだろう。『あまちゃん』の標的はAKB48なのだ。」(中森 2013:34)「『あまちゃん』を到達点ではなく、あくまで一つの通過点として捉えること。そうして、それを乗り超えてゆくこと。我々は『あまちゃん』からアイドルを奪い返さなければならない。」(中森 2013:35) このドラマが現実のアイドル(AKB)の動きを越えられなかったという指摘もある(宇野常寛、メモリーズ 173,213 参照)。アイドル論は現代の公共性論や資本主義論に及んでいるが、本書の範囲を越える。小林よしのり/中森/宇野/濱野 2012 参照。『あまちゃん』を肯定的に評価するものは他の註に示したが、また小林信彦 2014 参照(「単純なストーリーにギャグをつめてゆくやり方」(192)「一回十五分だから、ギャグや次回は?――といったやり方のほうが視聴者を惹きつける。今までの朝ドラと全くちがうと人々がホメるのは当然であり、しかも後半で東日本大震災が入ってきて、興行師の計画が崩れたり、まあ実によく出来ている。」(192)「最悪の時代のヒット秀作「あまちゃん」」(224)「「あまちゃん」はNHKの朝ドラにしては、何十年ぶりかで面白かった作品として、歴史に残ると思う。」(248))。

AKBの活動そのものについては、週刊プレイボーイ編集部・編 2011、BUBKA編集部・編 2013 参照。1980年代のアイドルについては中川 2007 参照。

註11　このような活動は、「音楽共有の場づくりとしての音楽活動」の多様な展開として捉えられるであろう。この点については林 2015 参照。

文献目録

基本文献

宮藤官九郎 2013『ＮＨＫ連続テレビ小説「あまちゃん」完全シナリオ集　第1部』KADOKAWA（＝シナリオ1）
宮藤官九郎 2013『ＮＨＫ連続テレビ小説「あまちゃん」完全シナリオ集　第2部』KADOKAWA（＝シナリオ2）
『連続テレビ小説　あまちゃん』DVD、完全版 BOX 1、ＮＨＫエンタープライズ 2013
『連続テレビ小説　あまちゃん』DVD、完全版 BOX 2、ＮＨＫエンタープライズ 2013
『連続テレビ小説　あまちゃん』DVD、完全版 BOX 3、ＮＨＫエンタープライズ 2014

関連文献

『ＮＨＫドラマ・ガイド　連続テレビ小説　あまちゃん　Part 1』ＮＨＫ出版 2013（＝ドラマ・ガイド1）
『ＮＨＫドラマ・ガイド　連続テレビ小説　あまちゃん　Part 2』ＮＨＫ出版 2013（＝ドラマ・ガイド2）
『ＮＨＫ　連続テレビ小説　あまちゃん　能年玲奈 featuring 天野アキ　完全保存版』ＮＨＫ出版 2013（＝能年・天野）
『あまちゃん　メモリアルブック　ＮＨＫウイークリー　ステラ　臨時増刊10月30日号』ＮＨＫサービスセンター 2013（＝メモリアルブック）
www.nhk.or.jp/program/amachan/　2015.8.7 閲覧
『あまちゃんファンブック　おら、「あまちゃん」が大好きだ！』大久保かおり編、扶桑社 2013（＝ファンブック1）
『あまちゃんファンブック　おらやっぱり、「あまちゃん」が大好きだ！』大久保かおり編、扶桑社 2013（＝ファンブック2）
『あまちゃん　メモリーズ　文藝春秋×PLANETS』みなさんのあまロスをなんとかすっぺ会／PLANETS 編集部編、

文藝春秋 2013（=メモリーズ）
『ありがとう　あまちゃん　じぇじぇじぇ大研究』大日本あまちゃん研究会編、竹書房 2013（=大研究）
「特集　音楽から見た「あまちゃん」」『ミュージック・マガジン』株式会社ミュージック・マガジン 2013.9、26-51（=ミュージック・マガジン）
北三陸「あまちゃん」観光推進協議会　一般社団法人久慈市観光物産協会内 2015.8.10 閲覧
小林信彦 2014『「あまちゃん」はなぜ面白かったか?――本音を申せば』文藝春秋
中森明夫 2013『午前32時の能年玲奈』河出書房新社
細馬宏通 2013『今日の「あまちゃん」から』河出書房新社

古典

アンデルセン、H・C「人魚姫」『完訳　アンデルセン童話集（一）』大畑末吉訳、岩波文庫 1984（=アンデルセン）、119-157
小川未明「赤いろうそくと人魚」『小川未明童話集』新潮文庫 1951（=小川）、7-21
カーク、G・S／レイヴン、J・E／スコフィールド、M『ソクラテス以前の哲学者たち（第二版）』内山勝利／木原志乃／國方栄二／三浦要／丸橋裕／本山美彦訳［第7章　ピュタゴラス、第11章　ピロラオスなど　担当：國方栄二］、京都大学学術出版会 2006［The Presocracratic Philosophers: A Critical History with a Selection of Texts(Second Edition) by G.S. Kirk, J.E. Raven and M. Schofield. Cambridge University Press 1957, 1983］（=カーク／レイヴン／スコフィールド）
カペル、M・C 1973『洪水がやってきた』熊倉美康訳、岩波書店［Capelle, M.C.: Toen de stormvloed kwam. 1962］
『古事記』次田真幸　全訳注、講談社学術文庫（上）1977、（中）1980、（下）1984

『聖書　新共同訳　旧約聖書続編つき』日本聖書協会　2010
ディオゲネス・ラエルティオス『ギリシア哲学者列伝』加来彰俊訳、岩波文庫、（上）1984、（中）1989、（下）1994
（般若心経）『般若心経　金剛般若経』中村元・紀野一義訳註、岩波文庫、1960=2001 改版
　涌井和 2002『サンスクリット入門　般若心経を梵語原典で読んでみる』明日香出版社
プラトン『国家』藤沢令夫訳、岩波文庫、（上）（下）1979、2008 改版
ヘーゲル、G・W・F『美学講義』長谷川宏訳、作品社、上巻 1995、中巻 1996、下巻 1996（＝美学講義）；Hegel,Georg Wilhelm Friedrich: Vorlesungen über die Ästhetik. I-III.Theorie Werkausgabe. Werke in zwanzig Bänden. Bde.13-15. Frankfurt am Main. 1970(＝TW 13-15)
同『哲学史講義』長谷川宏訳、河出書房新社、上巻 1992、中巻 1992、下巻 1993（＝哲学史講義）；Hegel,Georg Wilhelm Friedrich: Vorlesungen über die Geschichte der Philosophie. I-III.Theorie Werkausgabe. Werke in zwanzig Bänden. Bde.18-20. Frankfurt am Main. 1970(＝TW 18-20)
三島由紀夫『潮騒』新潮文庫 1955（＝三島）
ロンゴス『ダフニスとクロエー』松平千秋訳、岩波文庫 1987（＝ロンゴス）

研究文献

『AKB48　ヒストリー　研究生公式教本』週刊プレイボーイ編集部・編、集英社 2011
『AKB48　裏ヒストリー　ファン公式教本』BUBKA 編集部・編、白夜書房 2013
加納喜光 2014『漢字語義語源辞典』東京堂出版
幸津國生 2007『一般人にとっての般若心経　変化する世界と空の立場』花伝社
同 2012『「貢献人」という人間像　東日本大震災の記録・藤沢周平の作品世界を顧みて』花伝社

同 2013『〈追悼の祈り・復興の願い〉の人間像　東日本大震災と『般若心経』』花伝社
同 2014『『のだめカンタービレ』の人間像〈音楽の楽しみ〉と「調和」』花伝社
小林よしのり／中森明夫／宇野常寛／濱野智史 2012『ＡＫＢ48白熱論争』幻冬舎新書
『世界宗教大事典』山折哲雄監修、平凡社 1991（＝世界宗教大事典）
『岩波＝ケンブリッジ　世界人名辞典』デイヴィド・クリスタル編集、金子雄司／富山太佳夫日本語版編集主幹、岩波書店 1997（＝世界人名辞典）
滝久雄 2001『貢献する気持ち　ホモ・コントリビューエンス』紀伊國屋書店
立川武蔵 2003『空の思想史』講談社学術文庫
中川右介 2007『松田聖子と中森明菜』幻冬舎新書
西山　清 1998『聖書神話の解読　世界を知るための豊かな物語』中公新書
『日本国語大辞典　第二版』第三巻、第四巻、第六巻、日本国語大辞典　第二版　編集委員会／小学館国語辞典編集部編、小学館 2001（＝国語辞典）
長谷川修一 2014『旧約聖書の謎　隠されたメッセージ』中公新書
林　香里 2015『音楽共有の場づくりとしての音楽活動――「福祉文化」活動の場合を手がかりに』現代書館
速水健朗 2008『自分探しが止まらない』ソフトバンク新書

あとがき

『連続テレビ小説　あまちゃん』をこれ以上ないほど楽しんだ。テレビのスタッフ諸氏・出演者の皆さんお一人お一人にありがとうを繰り返し述べたい。

また音楽家大友良英氏の音楽を大いに楽しませていただいた。お礼を申し上げたい。とりわけオープニングの映像とともにその音楽で毎日が始まったのは、これもなかなか得難い「経験」であった。それを何とか拍子として摑まえてタタタタと書き留めたくなった……（「はじめに」参照）。そしてテレビやＤＶＤでの視聴に加えて、シナリオを読むことでさらに楽しむことができた。脚本家宮藤官九郎氏に感謝申し上げる。

シナリオを読んでいると、どんどん引き込まれて読んでしまう。それで引用したくなり、長々と引用することになった。その結果、本書はシナリオの抜粋のようなものになってしまった。シナリオというものをこのように楽しんだのは筆者としては非常にめずらしい「経験」である。拙著のような小さな本のスペースから見て、長々と引用するには、とてもスペースが足りない。それでもそのように引用したくなるのは、何と言ってもドラマと現実との緊張関係のゆえであろう。

このドラマは、３・11を背景にしつつ、多くの人間たちを登場させ、一人ひとりの人間の〈自分〉探しをしっかり絡ませながら、集団的な仕方で彼らを囲むその現実に対する取り組みを「逆回転」として生き生きと描いている。３・11はわれわれに課題をつきつけ続けており、現代日本に生きるわれわれの生活を根底から規定している。その現実に対して、一人ひとりの人間は、どのようにしたらよいのかという問いを抱えている。そこにこのドラマは一つの答えを与えてくれた。もちろんさまざまな仕方による答えがあるだろう。答えるその仕方については一応おくとして、このドラマは3・11をつねにわれわれ現代日本に生きる人間にとって想い起させ、原発事故への対応を含めて、復興に取り組まなければならない現実を乗り越えていく希望を与えるであろう。

筆者は、自分なりのテーマとしては「哲学の欲求」・「意識と学」あるいは「意識・理念・実在」という論点のもとにヘーゲル哲学の文献学的研究に取り組んできた。これを基礎篇とするならば、本書はその応用篇の一つである（文献目録に挙げたもの以外のものについては、後掲著者紹介欄の参照をお願いしたい）。

本書は、とくに述べなかったが何らかの専門家とは異なる一般人の立場から書かれている。この立場は、ヘーゲル哲学の文脈で言えば、「意識」として位置づけられる。その働きは、本書では一人ひとりの人間の〈自分〉探しとして捉えられる。「理念」には、「空」の立場、および「調和」の理念が対応している。ただし、ヘーゲルにおいては「調和」は限定されて（他の芸術分野での用法と並んで、音楽においては主に「和声」に限定されて）用いられている。本書ではヘーゲル哲学の文脈から離れて、「理念」をゆるやかに用いている。「実在」にはアキの「逆回転」、海女カフェの復活や「潮騒のメモリーズ」の音楽活動などの実践的な営みが対応している。

問われているのは、これらの「実在」の中で、どのようにして「意識」が「理念」を「実在」化させるのかということである。そのとき、「意識」は「経験」を通じて「哲学の欲求」の「主体」になっていると言えよう。ドラマの登場人物たちは「調和」を実現することでこの「主体」として形成されていく。アキもまわりの人間たちも、同じく「主体」として形成されるであろう。つまり、一般人である「意識」の働きにおいて「哲学の欲求」が生まれ、それを基盤に古代（ピュタゴラス派）以来の「調和」の「理念」を「実在」化させる実践が行われるということ、そのような「調和」の「経験」の場が3・11以後の現代日本において無数に作り出されるということに希望を見出したい。

共通の事柄に関する旧拙著の叙述を文献資料の中で部分的に使わせていただいたことをお断りしておきたい。問題意識の継続ゆえのことであるが、読者のご寛容をお願いする次第である。

このような小さな本を書くことも多くの人々に支えられてのことである。生活上のことで筆者を支えてくれた連れ合いの協力を得られたことを感謝の念とともに記しておきたい。また林香里氏には事務上の困難について助けていただいたことに加えて、その著書（近刊）から学ばせていただいたことはありがたいことであった。さらにこれまで交流を続けてきた中で、友人や知人そしてもとの勤務先でのゼミナリステンや学生の皆さんなど多くの方々が本書に示されるような一般人の立場からのものの捉え方をめぐって、感想を寄せてくださり励ましてくださったことにお礼を申し上げる。

最後になってしまったが、厳しい出版事情にもかかわらず、本書の出版に尽力してくださった花伝社代表平田勝氏、同編集部近藤志乃氏に謝意を表する次第である。

二〇一五年八月一五日

著者

幸津國生（こうづ くにお）

1943年 東京生まれ 、東京大学文学部卒業
同大学院人文科学研究科博士課程単位取得
都留文科大学勤務をへて、ドイツ・ボーフム大学ヘーゲル・アルヒーフ留学（Dr.phil. 取得）
日本女子大学勤務、同定年退職後「晴“歩”雨読」 日本女子大学名誉教授

【著書】
『哲学の欲求――ヘーゲルの「欲求の哲学」』弘文堂 1991
『現代社会と哲学の欲求――いま人間として生きることと人権の思想』弘文堂 1996
『意識と学――ニュルンベルク時代ヘーゲルの体系構想』以文社 1999
『「君死にたまふことなかれ」と『きけ わだつみのこえ』・「無言館」――近代日本の戦争における個人と国家との関係をめぐって』文芸社 2001
『時代小説の人間像――藤沢周平とともに歩く』花伝社 2002
『茶道と日常生活の美学――「自由」「平等」「同胞の精神」の一つの形』花伝社 2003
『『たそがれ清兵衛』の人間像――藤沢周平・山田洋次の作品世界』花伝社 2004
『ドイツ人女性たちの〈誠実〉――ナチ体制下ベルリン・ローゼンシュトラーセの静かなる抗議』花伝社 2005
『『隠し剣 鬼の爪』の人間像――藤沢周平・山田洋次の作品世界 2』花伝社 2006
『一般人にとっての『般若心経』――変化する世界と空の立場』花伝社 2007
『古典落語の人間像――古今亭志ん朝の噺を読む』花伝社 2008
『哲学の欲求と意識・理念・実在――ヘーゲルの体系構想』知泉書館 2008
『『武士の一分』・イチローの人間像――藤沢周平・山田洋次の作品世界 3 +「サムライ野球」』花伝社 2009
『『冬のソナタ』の人間像――愛と運命』花伝社 2010
『『宮廷女官チャングムの誓い』の人間像――人間としての女性と歴史』花伝社 2011
『「貢献人」という人間像――東日本大震災の記録・藤沢周平の作品世界を顧みて』花伝社 2012
『〈追悼の祈り・復興の願い〉の人間像――東日本大震災と『般若心経』』花伝社 2013
『『のだめカンタービレ』の人間像――〈音楽の楽しみ〉と「調和」』花伝社 2014
Das Bedürfnis der Philosophie. Ein Überblick über die Entwicklung des Begriffskomplexes "Bedürfnis","Trieb","Streben" und "Begierde" bei Hegel. Hegel-Studien. Beiheft 30. Bonn 1988
Bewußtsein und Wissenschaft. Zu Hegels Nürnberger Systemkonzeption. Hegeliana 10. Frankfurt a.M./Berlin/Bern/New York/Paris/Wien 1999
Bewusstsein, Idee und Realität im System Hegels. Hegeliana 20. Frankfurt a.M./Berlin/Bern/Bruxelles/New York/Oxford/Wien 2007

【編書】
『ヘーゲル事典』（共編）弘文堂 1992
『縮刷版 ヘーゲル事典』（共編）弘文堂 2014

索　引

【人名】

あ行

か行

さ行

た行

な行

は行

【事項】

さ行

た行

な行

は行

ま行

や行

わ行

『あまちゃん』の人間像――3・11／「逆回転」／〈自分〉探し

2015年12月20日　初版第1刷発行

著者 ―― 幸津國生
発行者 ― 平田　勝
発行 ―― 花伝社
発売 ―― 共栄書房
〒101-0065　東京都千代田区西神田2-5-11 出版輸送ビル2F
電話　03-3263-3813
FAX　03-3239-8272
E-mail　kadensha@muf.biglobe.ne.jp
URL　http://kadensha.net
振替 ―― 00140-6-59661
装幀 ―― 佐々木正見
装画 ―― 平田真咲
印刷・製本 ― 中央精版印刷株式会社

ISBN 978-4-7634-0763-4　C0010

『のだめカンタービレ』の人間像

―〈音楽の楽しみ〉と「調和」―

幸津國生　著　（本体価格2000円＋税）

●音楽における「調和」とは何か――

一人ひとりに人間は、〈音楽の楽しみ〉のうちで自分と世界との「調和」をともに〈経験〉することによって、他の人間とのつながりを作っていく。

「のだめカンタービレ」から読み解く音楽と人間との関係。

「貢献人」という人間像

—東日本大震災の記録・藤沢周平の作品世界を顧みて—

幸津國生　著　（本体価格2000円＋税）

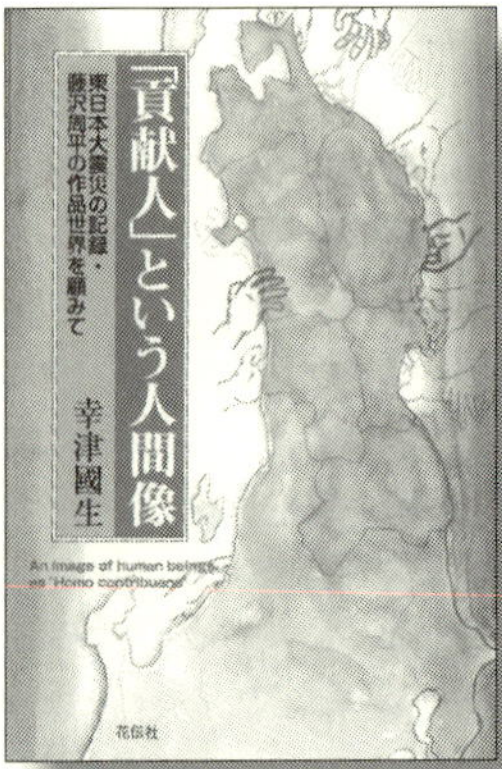

●未曾有の災害と〈自分〉はどのように関わっているのか——

歴史に於いて変わらない人間の在り方とは何か。大震災の記録には多くの〈貢献〉する態度で働く〈人間〉が描かれている。

藤沢周平の作品世界にも共鳴するこの〈貢献人〉という人間像から、われわれの〈人間〉としての「これから」への普遍的な基盤を探る。

古典落語の人間像

―古今亭志ん朝の噺を読む―

幸津國生　著　（本体価格2000円＋税）

●いつの世も変わらぬ〈人の愚かさ〉を笑いにつつんで描き出す古典落語

市井の人々の愚かな立ち居振る舞いと波紋、それが周囲に受け容れられる中からかもし出される人情の機微。

古典落語が、現代のせわしいわれわれに語りかけるものとは？